세속적인 지혜

The Art of Worldy Wisdom

The Art of Worldy Wisdom

세속적인

발타자르 그라시안 지음
황선영 옮김

지혜

니체와 쇼펜하우어가 사랑한 인생 지침서

Nietzsche and Schopenhauer

탐나는책

발타자르 그라시안Baltasar Gracián y Morales

독자에게

공명정대한 사람에게는 법이 필요 없고, 현명한 사람에게는 조언이 필요 없다. 하지만 필요한 그 모든 것을 온전히 다 아는 완전한 사람이란 세상에 없다. 여러분은 한편으로는 나를 용서하고 다른 한편으로는 나에게 감사해야 한다. 나는 세상을 보는 지혜가 담긴 이 격언집을 '무게 잡는 예언자'라고 부른다. 훈계조의 간결한 격언이기 때문이다. 이 점은 용서하길 바란다. 그 대신 나는 여러분을 위해 그라시안의 저서 열두 권을 한 권으로 녹여냈다. 이 점에 대해서는 내게 감사하길 바란다. 그의 저서는 높이 평가받았는데, 책이 스페인에서 출간되자마자 프랑스어로 번역되고 프랑스 왕궁에서 인쇄되었다. 이 격언집이 현명한 사람들의 연회에서 즐기는, 이성적 조언이 풍성한 책이 되길 바란다.

돈 빈센치오 후안 데 라스타노사Don Vincencio Juan de Lastanosa

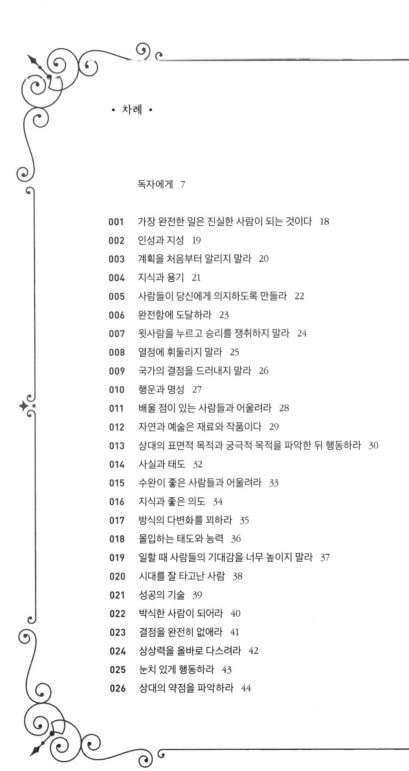

• 차례 •

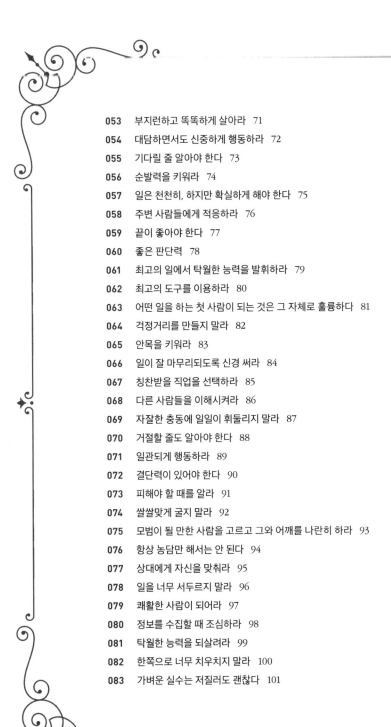

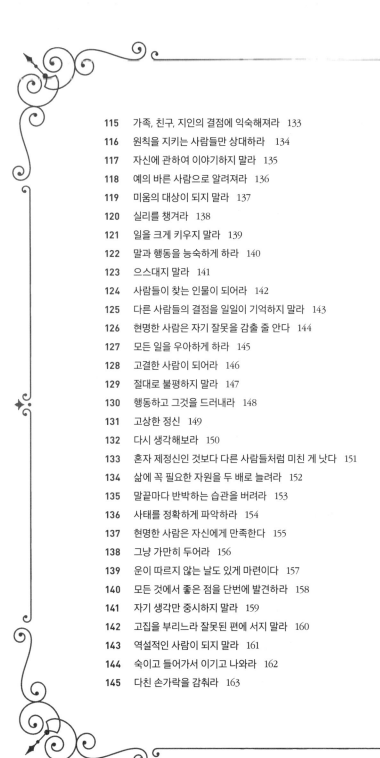

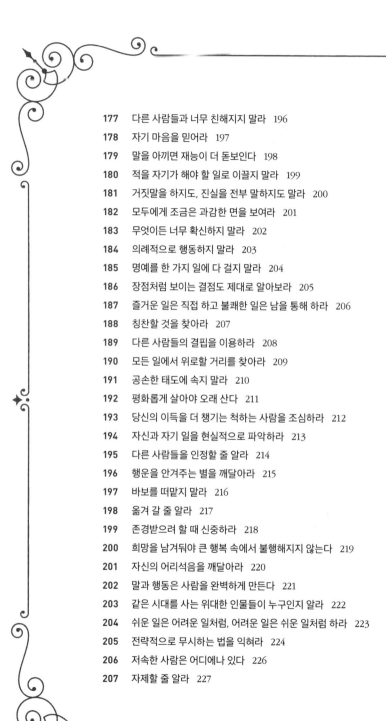

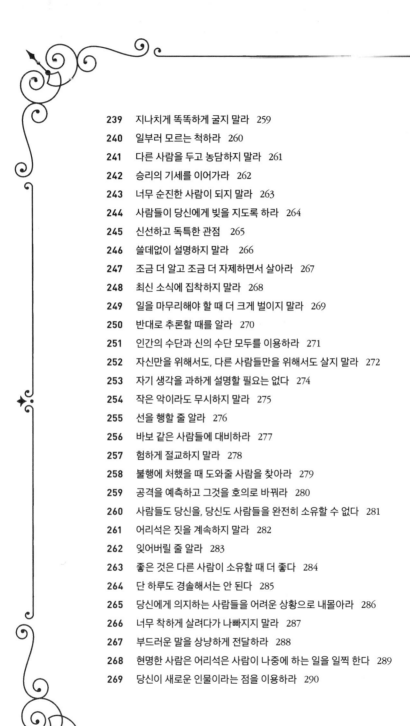

가장 완전한 일은
진실한 사람이 되는 것이다

모든 것이 완전한 경지에 이르렀는데, 진실한 사람이 되는 것이 가장 완전한 일이다. 고대 그리스에서 현인 일곱 명을 양성했을 때보다 오늘날 현인 한 명을 양성하는 데 노력이 더 많이 필요하다. 마찬가지로, 과거에 한 민족 전체를 다뤘을 때보다 오늘날 사람 한 명을 다루는 데 자원이 더 많이 필요하다.

인성과 지성

인성과 지성, 이 두 가지는 양극단에 있으며 우리의 능력을 보여준다. 둘 중 하나만 있으면 성공이나 행복으로 가는 길의 절반까지만 갈 수 있다. 똑똑한 것만으로는 충분하지 않다. 인성도 좋아야 한다. 어리석은 자는 자신의 처지, 지위, 출신, 친구들을 고려하지 않고 행동하다가 실패한다.

003

계획을 처음부터
알리지 말라

당신의 계획을 처음부터 알리지 말라. 당신이 새롭게 성공한
일에 사람들이 감탄하면 성취한 것의 가치가 올라간다. 가진 패
를 처음부터 내보이는 행동은 불필요할뿐더러 재미를 반감시
킨다. 당신의 계획을 곧바로 밝히지 않으면 사람들의 기대감을
끌어낼 수 있다. 특히 중요한 위치에서 대중의 관심을 받을 수 있
으면 더욱 그렇다. 모든 일에 약간의 신비로움을 더하라. 그런 신
비로움이 존경심을 부를 것이다. 계획을 설명할 때도 너무 세세
하게 밝히지 말라. 이는 가장 내밀한 생각을 일상적인 대화에서
드러내지 않는 것과 마찬가지다. 신중한 침묵은 세상을 사는 데
필요한 지혜 중 가장 신성한 것이다. 공개적으로 제시되는 해결책
은 절대로 높이 평가받지 못한다. 그런 해결책은 비판받을 구실
만 만들어줄 뿐이다. 혹시라도 해결책이 실패로 돌아가면 불행만
커질 것이다. 사람들이 궁금해하고 당신을 지켜보게 하는 것은
신이 사용하는 방법과 비슷하다.

지식과 용기

　지식과 용기, 이 두 가지는 위대함을 구성하는 요소다. 지식과 용기는 영원하므로 사람에게도 불멸을 안겨줄 수 있다. 사람은 아는 만큼 이룰 수 있으며, 현명한 자는 무엇이든지 해낼 수 있다. 지식이 부족한 사람은 등불 없이 세상을 살아간다. 지혜와 힘은 사람의 눈과 손이나 다름없다. 지식은 있는데 용기가 없으면 아무 소용도 없다.

005

사람들이 당신에게
의지하도록 만들라

사람들이 의지하도록 만들어야 한다. 남을 돋보이게 하는 사람이 아니라 남을 존경하는 사람이 신을 만들어낸다. 현명한 자는 사람들이 자신을 고맙게 여기기보다는 필요로 하기를 바란다. 사람들을 희망의 문턱에 계속 세워두는 것이 바람직하다. 그들이 당신에게 감사하는 마음에 의지하는 것은 저속한 행태다. 희망은 오랫동안 기억되지만, 감사는 금세 잊히기 때문이다. 사람들이 정중한 태도를 보일 때보다 당신에게 의지할 때 당신이 얻을 것이 더 많다. 목을 충분히 축인 사람은 우물을 떠나며, 오렌지는 짜고 나면 금으로 만든 그릇에 있다가도 쓰레기통으로 던져진다. 사람들이 당신에게 더는 의지하지 않으면 그들의 좋은 태도와 존경심도 사라질 것이다. 경험이 가르쳐주는 최고의 교훈은 사람들에게 희망을 계속 불어넣되 그들을 완전히 만족시켜서는 안 된다는 것이다. 이런 방법으로 군주도 매혹할 수 있다. 그렇다고 해서 도가 지나쳐서는 안 된다. 당신이 침묵하는 바람에 사람들이 길을 잃거나 당신의 이득 때문에 사람들의 불행이 손쓸 수 없는 지경에 이르러서는 안 된다.

완전함에 도달하라

그 누구도 완전하게 태어나지 않는다. 따라서 완전한 존재가 될 때까지 매일 공적으로, 그리고 사적으로 정진해야 한다. 재능을 발전시키고, 능력이 탁월해질 때까지 노력하라. 완전함에 도달했는지는 취미의 고상함, 생각의 명료함, 판단의 성숙함, 의지의 확고함으로 알 수 있다. 완전한 단계에 이르지 못하고 무엇인가가 항상 부족한 사람이 있다. 완전한 단계에 도달하는 데 시간이 더 오래 걸리는 사람도 있다. 완전해진 사람은 현명하게 말하고 신중하게 행동한다. 이런 인물은 분별 있는 사람들의 비범한 세상에 쉽게 수용되고 초대된다.

007

윗사람을 누르고
승리를 쟁취하지 말라

윗사람에게 승리하려 하지 말라. 승리는 반드시 증오를 부른다. 윗사람을 밟고 올라서서 승리를 쟁취하는 것은 어리석을 뿐더러 치명적이다. 사람들은 자기보다 우월한 자를 싫어한다. 특히 상사나 군주는 그런 이를 끔찍하게 싫어한다. 주의를 기울이면 흔한 장점을 그럴듯하게 숨길 수 있다. 옷을 대충 입어서 멋진 외모를 가리는 식이다. 사람들은 남의 운이 더 좋거나 성품이 더 온화한 것은 개의치 않는다. 하지만 남이 더 똑똑한 것은 좋아하지 않는다. 군주라면 더욱 그렇다. 지력은 군주의 특권이므로 다른 사람이 그런 자질을 드러내는 것은 왕좌에 대한 모독이다. 군주는 가장 군주다운 자질을 온전히 잘 보여주기를 원한다. 누군가가 자신을 돕는 것은 허락해도 자신을 능가하도록 놔두지는 않을 것이다. 따라서 윗사람에게 조언할 때는 그 사람이 잠깐 잊어버린 걸 상기해주는 것처럼 행동해야 한다. 그 사람이 직접 찾지 못하는 걸 찾도록 도와주는 것처럼 보여서는 안 된다. 이런 수완은 별을 보고 배울 수 있다. 별은 태양의 자식이고 태양처럼 밝게 빛나지만 감히 태양의 광휘에 견주려는 시도는 절대로 하지 않는다.

008

열정에 휘둘리지 말라

열정을 다스리는 것은 가장 고매한 정신적 자질이다. 자신의 우월함에 취해서 금방 사라질 저속한 기분에 굴복하지 말라. 통제력이 뛰어난 사람은 자신을 다스리고 충동과 열정을 조절할 줄 안다. 이것은 자유의지의 승리다. 설령 열정에 지배당하더라도 그것이 당신의 지위에 악영향을 끼쳐서는 안 된다. 열정에 휘둘릴 때는 고위직을 노리지 말라. 이것은 골칫거리를 만들지 않는 현명한 방법이자 다른 사람들의 존경을 받을 지름길이다.

국가의 결점을
드러내지 말라

국가의 결점을 감싸라. 물이 흐르면서 지나가는 지층의 특징을 공유하듯 사람도 자신이 태어난 환경의 영향을 그대로 받는다. 태어난 국가나 도시의 혜택을 남들보다 더 많이 받는 사람들도 있다. 더 호의적인 환경에서 태어난 덕택이다. 그 어떤 국가도, 심지어 국격이 높은 국가도 고유한 결점에서 벗어나지 못한다. 이웃 국가들이 이런 약점을 포착하면 국력을 과시하거나 그것을 타산지석으로 삼는다. 국가적인 결점을 고치거나 감추는 일은 위대한 업적을 남기는 것이나 마찬가지다. 이런 업적을 쌓으면 국민에게 독보적인 사람으로 존경받는다. 원래 기대하지 않았던 것이 가장 가치 있게 평가받기 때문이다. 개인적인 결점은 사람의 혈통, 환경, 직업, 시대 때문에 생긴다. 이 모든 결점이 한 사람에게서 나타나고 그 사람이 결점을 예측하거나 고치려고 노력하지 않으면 감당할 수 없는 괴물이 탄생한다.

행운과 명성

행운은 변덕스럽지만, 명성은 오래간다. 행운은 우리가 살아 있는 동안 도움이 되고, 명성은 우리가 죽고 나서 도움이 된다. 행운이 따르면 질투를 멀리할 수 있고, 명성이 있으면 사람들에게 잊히지 않을 수 있다. 행운은 요행이며 노력으로 얻어낼 때도 있다. 하지만 명성은 꾸준히 노력할 때만 얻을 수 있다. 명성을 누리고 싶은 욕구는 힘과 활력에서 비롯된다. 명성은 거인들과 함께하며 항상 극단적인 결과를 부른다. 혐오스러운 괴물이나 박수받는 천재가 탄생하는 것이다.

배울 점이 있는
사람들과 어울려라

배울 점이 있는 사람들과 어울려야 한다. 친한 사람들과의 관계가 배움의 장이 되게 하라. 그들과 대화를 나누면서 교양을 쌓아라. 친구들을 스승으로 삼고, 학습의 유익함과 대화의 즐거움을 섞어라. 박식한 사람들과의 만남을 즐기는 것이 좋다. 그런 자리에서는 사람들이 당신의 말에 환호해주고 당신도 다른 사람들의 말을 들으면서 배움을 얻는다. 우리는 주로 우리의 관심사 때문에 다른 사람들에게 끌린다. 하지만 이 경우에는 관심이 더 고차원적이다. 신중한 사람은 고상한 영웅들의 집을 자주 찾는다. 그곳은 허영의 궁전이 아니라 용맹함의 무대다. 이런 영웅 중에는 학식과 식견으로 명성이 자자한 사람들도 있다. 다른 사람들의 본보기가 되고 친목을 통해 위대함을 발휘하는 현인들이다. 이런 사람들과 함께하면 신중하고 지혜로운 분위기가 형성된다.

자연과 예술은
재료와 작품이다

자연과 예술이 곧 재료와 작품이다. 아름다움은 무언가의 도움 없이 이루어지지 않는다. 완벽한 것도 기교를 발휘해서 기품을 주지 않으면 야만적으로 변해버린다. 기교는 나쁜 것을 구제하고 좋은 것을 완벽하게 만든다. 자연은 우리에게 최고의 모습을 보여주는 일이 거의 없다. 그래서 우리는 예술에 의지해야 한다. 예술 없이는 최고의 천부적인 기질도 세련될 수 없다. 훈련 없이는 완벽함의 절반에만 이를 수 있다. 인위적인 훈련을 거치지 않은 사람은 거칠고 무례해 보인다. 따라서 완벽해지려면 자신을 갈고닦아야 한다.

상대의 표면적 목적과
궁극적 목적을 파악한 뒤 행동하라

상대의 표면적 목적과 궁극적 목적을 파악하고 행동해야한다. 인간의 삶은 다른 사람들의 악의에 맞서는 투쟁이다. 교활한 사람은 목적에 전략적인 변화를 주면서 싸움을 이어간다. 자기가 하겠다고 큰소리치는 일은 절대로 하지 않으며 사람들의 주목을 받지 않는 데만 관심을 쏟는다. 이런 사람은 늘 계략을 숨기려고 애쓴다. 다른 사람들을 태연하게 속이면서 목표물을 겨냥하고 예상하지 못한 방향으로 일격을 가한다. 교활한 사람은 남의 관심과 신뢰를 얻으려고 자신의 목적을 밝힌다. 그러고는 바로 방향을 틀어서 기습 공격에 성공한다. 하지만 예리하고 현명한 사람은 상황을 면밀하게 관찰하고 신중히 매복했다가 교활한 사람을 습격한다. 이런 사람은 교활한 사람이 이해시키려는 것과 반대로 이해하고 그의 거짓 목적을 곧바로 알아차린다. 현명한 사람은 교활한 사람이 언급하는 첫 번째 목적에는 신경 쓰지 않으며 두 번째나 세 번째 목적이 드러나기를 기다린다. 교활한 사람은 간교한 속임수가 간파당한 것을 알고 나면 더 크게 속이려든다. 진실한 척 말함으로써 사람들을 속이려고 한다. 전략을 바꿔서 음흉한 계략 없이 솔직한 척하며 사람들을 속이는 것이다.

하지만 현명한 사람은 관찰을 통해 이 모든 것을 꿰뚫어 보고 빛에 가려진 그림자를 찾아낸다. 교활한 사람의 목적을 알아내는 것이다. 이런 목적은 단순할 때 알아차리기가 더 어렵다. 그리스 신화 속 아폴론Apollon은 교활한 뱀 피톤Python과의 싸움에서 정직하게 임한 끝에 이길 수 있었다.

사실과 태도

사태의 '본질'만 파악해서는 충분하지 않으며 '상황'이 어떤지도 따져봐야 한다. 나쁜 태도는 모든 것, 심지어 이성과 정의마저도 망쳐버린다. 반대로, 좋은 태도는 모든 것을 만회한다. 거절도 금빛으로 빛나게 하고, 진실을 더 쉽게 받아들이게 하며, 나이 든 사람도 예뻐 보이게 해준다. 일에 어떤 '태도'로 임하느냐가 대단히 중요하다. 태도가 유쾌하면 사람들이 호의를 보인다. 바람직한 태도는 삶의 기쁨이며, 말과 행동을 바르게 하면 어떤 어려운 상황에서든 벗어날 수 있다.

015

수완이 좋은 사람들과
어울려라

수완이 좋은 사람들과 어울려야 한다. 영향력 있는 사람이 현자들과 어울리면 일이 잘 풀린다. 무지 탓에 어려운 상황에 부닥치더라도 자신을 구해주고 대신 곤경에 맞서 싸워줄 수 있기 때문이다. 현자를 고용하는 것은 보기 드문 탁월한 능력이며 아르메니아의 왕 티그라네스Tigranes의 야만적 성향보다 훨씬 낫다. 티그라네스는 포로로 잡은 왕들을 노예처럼 부리길 원했다. 탁월한 사람들을 능숙하게 활용하는 것은 우월함을 드러내는 새 방식으로, 인생에서 가장 중요한 일이다. 인생은 짧고, 알아야 할 것은 많다. 아는 것이 없으면 인생을 살아갈 수 없다. 큰 노력 없이 공부하고 배우는 것은 비범한 능력이다. 여러 사람을 통해서 많이 배우고 그들의 지식을 전부 합친 것보다 지식이 더 많아지면 놀라울 정도로 똑똑한 사람이 된다. 그러면 중요한 자리에서도 여러 사람을 대변할 수 있다. 그동안 조언해준 여러 현자를 대변하고 다른 사람들의 노력 덕택에 당신도 현자로 명성을 얻을 것이다. 주제를 고르고 주변 사람들이 그것에 관한 핵심 지식을 제공하게 하라. 설령 학식이 풍부한 사람을 고용하지 못하더라도 친구로 두는 것이 좋다.

지식과 좋은 의도

지식이 있고 좋은 의도가 있으면 성공의 열매를 분명하게 맺을 수 있다. 반대로, 지식과 나쁜 의도가 만나면 언제나 비정상적인 괴물이 탄생한다. 악의는 완벽한 사람을 망가뜨리며 지식의 도움이 있을 때는 더 교묘하게 망가뜨린다. 뛰어난 재능이 있는 사람이 비열해지면 끔찍한 결말을 맞고, 지식은 있는데 판단력이 부족하면 두 배로 어리석어진다.

방식의 다변화를 꾀하라

다양한 방법을 활용하라. 그러면 사람들, 특히 경쟁자들이 혼란스러워할 것이다. 이런 전략으로 사람들의 호기심을 자극하고 관심을 끌 수 있다. 항상 처음에 의도했던 대로 행동하면 사람들이 당신의 의중을 꿰뚫어 보고 계획을 방해할 것이다. 직선으로 날아가는 새는 죽이기 쉽지만, 비행경로를 바꾸는 새는 잡기 어렵다. 항상 두 번째로 의도했던 대로 행동하는 것도 좋은 생각이 아니다. 똑같은 행동을 두 번 하면 다른 사람들이 계략을 알아차릴 것이다. 적은 늘 당신을 감시하고 있으므로 적보다 한 수 앞서려면 매우 교묘하게 행동해야 한다. 도박꾼은 절대로 상대가 예상하는 카드를 내지 않으며 상대가 원하는 카드는 더더욱 내지 않는다.

몰입하는 태도와 능력

명성을 얻으려면 두 가지가 다 필요하다. 몰입하는 태도와 능력이 있으면 명성이 극에 달할 수 있다. 일에 몰입하는 보통 사람이 몰입하지 않는 뛰어난 사람보다 더 우수한 성과를 올린다. 노력을 기울이면 명성으로 보답받는다. 노력이 딱히 필요하지 않은 일은 해낼 가치도 별로 없다. 높은 지위에 오르지 못하는 까닭은 재능 부족보다는 노력 부족 때문인 경우가 더 많다. 간단한 일에도 몰입하지 못하는 사람들이 있다. 몰입하는 태도는 십중팔구 그 사람의 타고난 기질에 달렸기 때문이다. 중요하지 않은 일은 뛰어난 성과를 올리지 않아도 괜찮다. 자기가 더 원대한 목표를 달성할 운명이라고 변명하면 된다. 하지만 최고의 수준에서 탁월한 능력을 뽐낼 수 있는데도 중요성이 떨어지는 일을 적당히 하는 데 만족한다면 변명거리도 없다. 따라서 성공을 위해서는 타고난 기질과 솜씨가 둘 다 필요하며, 이 두 가지를 완성해주는 것이 바로 몰입하는 태도.

019

일할 때 사람들의 기대감을
너무 높이지 말라

사람들의 기대감을 너무 높이지 말아야 한다. 높이 평가받는 일은 사람들의 기대를 충족시키기 어렵다. 현실이 상상을 능가할 수는 없기 때문이다. 완벽한 것은 상상하기 쉽지만 달성하기란 어렵다. 상상이 희망을 만나면 실제보다 훨씬 더 많은 것을 잉태하게 된다. 하지만 아무리 훌륭한 것도 우리의 기대를 충족시키지 못한다. 상상력을 발휘한 사람들은 속은 기분이 들고, 우수한 성과도 찬사보다 실망으로 이어질 때가 더 많다. 희망은 현실을 크게 왜곡한다. 따라서 좋은 판단력으로 희망을 묶어둬야 한다. 그러면 즐거움이 희망을 넘어설 것이다. 훌륭한 시작은 사람들의 기대치를 높이는 대신 호기심을 자극해야 한다. 현실이 우리의 기대를 넘어서고 우리가 생각했던 것보다 일이 더 잘 풀리는 게 훨씬 낫다. 하지만 나쁜 일에는 이런 법칙이 적용되지 않는다. 나쁜 일이 일어날 것이라고 과장되게 알려졌다가 실제로 그런 일이 벌어지면 사람들은 오히려 안도한다. 나쁜 일이 파괴적인 수준일까 봐 걱정했는데 생각보다 감당할 수준으로 여겨지는 것이다.

시대를 잘 타고난 사람

유달리 특출난 사람은 시대에 의지한다. 그런 사람이 전부 좋은 시대에 태어난 것은 아니며, 시대를 잘 맞춰서 태어났더라도 그런 점을 제대로 활용하지 못한 경우가 많았다. 모든 종류의 선이 항상 승리하는 것은 아니라서 그중 일부는 더 나은 시대에 태어나야 마땅했다. 모든 것에는 제철이 있다. 심지어 특정 부류에 속하는 특출난 사람들도 유행을 탄다. 하지만 현명한 사람에게는 장점이 한 가지 있다. 바로 불멸의 존재가 된다는 것이다. 설령 지금이 그의 시대가 아니더라도 다른 시대에 전성기가 찾아올 것이다.

성공의 기술

행운에는 법칙이 있으며, 현명한 사람은 모든 것을 운에 맡기지 않는다. 노력이 있어야 행운도 따른다. 자신 있게 행운의 문앞에 가서 문이 열리길 기다리는 데 만족하는 사람들도 있다. 하지만 어떤 사람들은 더 분별 있게 행동한다. 문을 열고 영리하고 대담하게 걸어가는 것이다. 그들은 결국 행운의 여신을 만나면 용기와 덕에 힘입어서 그녀의 호감을 산다. 하지만 진정한 현인에게는 계획이 하나뿐이다. 덕을 쌓고 신중하게 나아가는 것이다. 행운과 불운은 태도가 신중하냐, 성급하냐에 따라 달라지기 때문이다.

박식한 사람이 되어라

현명한 사람은 고상하고 우아한 지식으로 무장한다. 천박한 뜬소문이 아니라 전문가처럼 실용적인 지식을 추구한다. 이런 사람은 지혜롭고 재치 있는 말을 많이 알뿐더러 고결한 행동도 자주 한다. 그리고 이런 말이나 행동을 언제 하는 것이 적절한지도 안다. 조언도 진지한 가르침보다 가벼운 농담처럼 전하는 것이 더 효과적일 때가 많다. 대화를 통해 전달되는 지혜가 학교에서 가르치는 정식 과목보다 더 의미 있다고 생각하는 사람들도 있다.

결점을 완전히 없애라

결점을 없애야 한다. 이것은 완벽함을 위한 필수 조건이다. 도덕적인 결함이나 성격상의 결점 없이 살아가는 사람은 거의 없다. 쉽게 개선할 수 있는 결점도 그냥 놔두는 사람도 있다. 하지만 작은 결점도 예리한 사람들의 눈에 띄면 눈부신 재능을 감춰버린다. 원래 구름 한 점으로도 태양을 가릴 수 있는 법이다. 결점은 평판이라는 얼굴에 난 사마귀점과 같은데, 적의를 품은 사람은 그것을 금방 발견한다. 사마귀점이 애교점으로 보이게 하려면 탁월한 기술이 필요하다. 대머리이던 카이사르Caesar(고대 로마의 정치인, 군인)는 월계수로 선천적인 결함을 감췄다.

상상력을 올바로 다스려라

상상력을 제어하라. 상상력을 잠재워야 할 때가 있고 키워야
할 때가 있다. 행복은 전부 상상력에 달렸으며, 상상력은 올바
른 판단력으로 통제해야 한다. 상상력이 독재자처럼 행동할 때도
있다. 가만히 추측하는 데 만족하지 않고 행동에 나서서 우리의
인생을 장악한다. 그러다 보니 상상력에 따라서 인생이 유쾌해지
기도, 불쾌해지기도 한다. 불행해지거나 자만심에 빠지기도 한다.
어떤 사람들은 상상력이 있어서 슬퍼지기만 한다. 상상력이 어리
석은 사람의 충실한 종이기 때문이다. 반대로, 어떤 사람들은 상
상력 덕택에 행복, 모험, 흥겨움, 들뜬 기분을 경험한다. 매우 신중
한 사람이 자제력을 발휘해서 상상력을 묶어두지 않으면 이 모든
일이 일어날 수 있다.

눈치 있게 행동하라

눈치 있게 행동해야 한다. 한때는 말을 잘하는 것이 최고의 기술이었다. 하지만 이제 그것만으로는 충분하지 않다. 이제는 예측하는 능력도 있어야 한다. 특히 우리가 쉽게 속아 넘어갈 수 있는 분야에서는 더욱 그렇다. 눈치껏 행동할 줄 모르면 절대로 똑똑해지지 못한다. 다른 이의 마음을 잘 읽고 의도를 예리하게 파악하는 사람들도 있다. 우리에게 가장 중요한 진실은 언제나 반만 드러난다. 신중한 사람만이 진실을 완전하게 이해한다. 당신에게 유리한 말을 들으면 믿음의 고삐를 당기고 불리한 말을 들으면 믿음에 박차를 가하라.

상대의 약점을 파악하라

다른 사람의 약점을 파악하라. 다른 사람의 의지를 움직이려면 투지보다는 기술이 있어야 한다. 그 사람의 머릿속에 들어가는 방법을 알아내라. 사람마다 취향에 따라 기쁘게 여기는 일이 다르다. 누구나 바라는 것이 있다. 평판이 좋기를 바라는 사람도 있고, 수익 올리기를 바라는 사람도 있다. 대개는 즐거움을 바라는 사람이 많다. 누군가를 움직이고 싶다면 그 사람이 바라는 것을 파악하라. 다른 사람의 욕구를 실현해줄 열쇠를 확보해야 한다. 그 사람을 움직이는 '원동력'이 무엇인지 찾아내야 하는데, 그게 꼭 고귀하고 중요한 건 아니며 오히려 사소한 것일 때가 많다. 자신의 기질을 잘 다스리지 못하는 사람이 잘 다스리는 사람보다 많기 때문이다. 우선 그 사람의 성격을 파악하고 약점을 찾아라. 그 사람이 특별히 좋아하는 그 무엇으로 유혹하면 그의 자유의지를 좌지우지할 수 있을 것이다.

일을 광범위하게 다루지 말고
집중적으로 처리하라

일은 광범위하게 다루지 말고 집중적으로 처리해야 한다. 완벽함은 양이 아니라 질의 문제다. 정말 좋은 것은 언제나 작고 희귀하며, 흔한 것은 가치가 떨어진다. 심지어 사람들 사이에서도 거장은 키가 작은 경우가 많다. 책의 두툼한 두께를 보고 그 책을 높이 평가하는 사람들도 있다. 마치 작가가 독자의 두뇌가 아니라 팔을 자극하려고 했던 것처럼 말이다. 하지만 일을 광범위하게 다루는 것만으로는 결코 보통 수준을 넘어설 수 없다. 천재의 불행은 다양한 일을 시도하다가 결국 그 무엇도 제대로 해내지 못하는 것이다. 한 가지 일에만 집중하면 그 일을 탁월하게 해낼 수 있으며, 그것이 대단히 중요한 일이라면 명성도 얻을 수 있다.

평범한 사람이 되지 말라

평범함을 지양하라. 우선, 취향이 평범해서는 안 된다. 자기가 한 일이 대중을 만족시키길 바라지 않는 사람은 얼마나 현명한 가. 대중의 과한 박수갈채는 분별 있는 사람을 절대로 만족시키 지 못한다. 하지만 어떤 사람들은 지조 없이 카멜레온처럼 대중 의 입맛에 따라 색을 바꾼다. 이런 사람은 아폴론의 부드러운 입 김보다 대중의 입김을 더 선호한다. 지적인 측면에서도 평범해서 는 안 된다. 흔히 볼 수 있는 기적에 기뻐하지 말라. 그것은 엉터 리일 뿐이다. 대중은 평범한 어리석음에 경탄하며 훌륭한 조언에 는 귀 기울이지 않는다.

바르고 단단한
사람이 되어라

바르고 단단한 사람이 되어야 한다. 꾸준히 이성의 편에 서라. 그래야만 천박한 열망이나 압제적인 폭력 때문에 올바른 길에서 벗어나는 일을 막을 수 있다. 하지만 어디에서 정의의 불사조를 찾을 것인가? 바른길을 고집하는 사람은 많지 않다. 바른 이를 칭찬하는 사람은 많지만, 바른 이가 되려는 사람은 드물다. 바른길을 걷다가도 위험해지면 그 길에서 벗어나게 될 때도 있다. 그럴 때 거짓된 사람들은 바른길을 부정하고, 정치인들은 그 길이 보이지 않도록 교활하게 숨겨버린다. 바른 사람은 우정, 권력, 자기 이익조차 한쪽으로 제쳐두기를 두려워하지 않으며 이 과정에서 다른 사람들에게 외면당한다. 영악한 사람은 교묘한 궤변을 늘어놓고 다른 사람들이 감탄할 만한 '더 고귀한 동기'나 '안전상의 이유'를 논한다. 하지만 진정한 믿음이 있는 사람은 속임수를 일종의 배신으로 치부하며 언제나 진실의 편에 선다. 이런 사람은 영악한 모습보다 한결같은 모습을 보이는 데 자부심을 느낀다. 이런 사람이 다른 사람들과 다른 길을 걸으면 그것은 이 사람이 변덕스러워서가 아니라 다른 사람들이 진실을 저버렸기 때문이다.

030

평판이 나빠질 일에
시간을 낭비하지 말라

평판이 나빠질 일에 시간을 낭비해서는 안 된다. 명성이 아니라 악명을 얻는 터무니없는 일이라면 더욱 그렇다. 분별 있는 사람은 엉뚱한 일을 전부 멀리한다. 현명한 사람이 거부하는 것이라면 뭐든지 포용하는 엉뚱한 사람이 있다. 이런 사람은 어떤 식의 별난 행동이든 기꺼이 즐긴다. 그래서 유명해지기는 하지만 명성을 얻기보다는 놀림을 받는 경우가 많다. 신중한 사람은 지혜를 추구할 때도 허식과 공개적인 시선을 피한다. 특히 우습게 보일 수도 있는 일을 할 때는 더욱 조심한다. 이런 시도를 일일이 밝힐 필요는 없다. 남을 조롱하고 무시하는 사람들이 이미 다 밝혀냈기 때문이다.

운 좋은 사람은 만나고,
운 나쁜 사람은 피하라

운이 좋은 사람은 만나고, 운이 나쁜 사람은 피해야 한다. 불
운은 대체로 어리석은 사람이 겪는 불이익이다. 어리석은 행동에
동참하는 사람들 사이에서 불운만큼 전염성이 강한 것도 없다.
작은 악마에게도 절대로 문을 열어주지 말라. 그랬다가는 더 큰
악마들이 뒤따라 들어온다. 카드 게임을 할 때 가장 중요한 기술
은 어떤 카드를 버릴지 파악하는 것이다. 지금 가진 패의 가장 약
한 카드가 이미 끝난 게임에서 나온 패의 가장 센 카드보다 더
중요하다. 판단이 잘 안 설 때는 현명하고 신중한 사람의 뒤를 따
라라. 머지않아 그들에게 행운이 찾아올 것이기 때문이다.

관대한 것으로
유명해져라

관대한 인물이라는 평판을 얻어라. 군주가 관대하면 모두의 호감을 살 수 있다. 통치자가 되는 것에는 한 가지 장점이 있다. 그 누구보다도 선한 일을 많이 할 수 있다는 것이다. 친구란 호의적인 일을 하는 사람이다. 한편, 다른 이를 기쁘게 하지 않으려고 애쓰는 사람들도 있다. 성가시다고 생각해서가 아니라 심보가 고약해서다. 그런 사람들은 모든 일마다 신의 은총에 반대한다.

그만둘 때를 알라

그만둘 때를 알아야 한다. 거절할 때를 아는 것이 인생 최고의 교훈 중 하나인데, 이보다 더 중요한 교훈은 공사를 막론하고 자제할 줄 아는 것이다. 중요한 게 아닌데도 소중한 시간을 잡아먹는 일이 있다. 당신과 관련 없는 사소한 일 때문에 바쁜 건 그 무엇도 하지 않는 것보다 못하다. 신중한 이는 다른 사람의 일에 간섭하지 않는 데서 그치지 않고 다른 사람들도 자기 일에 간섭하지 못하게 한다. 다른 사람들에게 맞춰주느라 자신을 잃어서는 안 된다. 친구들을 못살게 굴거나 그들이 자발적으로 주려고 하는 것보다 더 많은 것을 요구해서도 안 된다. 과한 것은 언제나 잘못이지만 다른 사람들과의 교류에서는 더욱 그렇다. 현명하게 자제한다면 다른 사람들의 호의와 존경을 계속 얻을 수 있고 서로 간의 귀한 예의가 서서히 사라지지 않을 것이다. 최고의 사람들을 열정적으로 아낄 자유를 잃지 말고, 자신의 뛰어난 안목을 절대로 의심하지 말라.

당신의 장점을 파악하라

자신의 장점을 파악해야 한다. 제일 훌륭한 재능을 계발하면 다른 재능에도 도움 될 것이다. 모두가 자신의 장점을 알면 어떤 일에서든 두각을 드러낼 것이다. 당신의 자질 중에서 어떤 것이 남보다 나은지 파악하고, 그것이 두 배로 강해지도록 힘써라. 판단에 능한 사람도 있고, 남달리 용맹한 사람도 있다. 타고난 소질을 무참히 짓밟는 사람이 많은데, 그러면 어떤 일에서도 탁월한 능력을 발휘하지 못한다. 처음부터 열정에 사로잡혔던 일도 시간이 지나면 환상이 깨져버린다. 안타깝게도 그때는 너무 늦다.

신중하게 고민하라

신중히 고민하라. 아주 중요한 큰일일수록 더욱더 진지하게 고민해야 한다. 어리석은 사람은 생각이 부족해서 실패한다. 상황의 절반도 제대로 파악하지 못하며, 자신의 득실을 따질 줄 몰라서 상황에 전념하지도 않는다. 일의 중요성을 반대로 이해하는 사람들도 있다. 별로 중요하지 않은 일에는 크게 고민하고, 중요한 일에는 적게 고민한다. 애초에 생각이 없어서 분별력을 잃을 일도 없는 사람이 많다. 우리가 매우 신중하게 따져보고 마음속에 깊이 간직해야 하는 일도 있다. 현명한 사람은 모든 일을 심사숙고한다. 특히 심오하거나 의심스러운 문제를 파고들며 상황이 보기보다 복잡하다는 사실을 알아차린다. 상황을 단순히 이해하는 데서 그치지 않고 분석하는 것이다.

행동을 취하거나 삼갈 때
자신의 운을 따져보라

행동을 취하거나 삼갈 때 자신의 운을 따져봐야 한다. 이는 자신의 지배적 기질을 파악하거나 체질을 이해하는 것보다 더 중요하다. 40세 때 히포크라테스Hippocrates(고대 그리스의 의사)에게 건강을 달라고 부탁하는 것이 어리석다면 세네카Seneca(고대 로마의 철학자)에게 지혜를 달라고 부탁하는 것은 더 어리석다. 행운을 다스릴 줄 아는 것은 대단한 기술이다. 행운이 찾아오기를 기다릴 때(행운이 천천히 올 때도 있기 때문)나 행운을 이용할 때(운이 좋아질 때도 있기 때문)나 마찬가지다. 하지만 행운의 여신이 보이는 일관적이지 않은 행동을 절대로 완전히 이해하지는 못한다. 행운이 따른다면 과감하게 앞으로 나아가라. 행운의 여신은 대담한 사람을 좋아하고 젊은 사람을 좋아한다. 반대로, 운이 없다면 행동을 삼가는 것이 좋다. 이때는 두 번 실패하지 않도록 물러나서 몸을 사려라. 행운을 능수능란하게 다룰 수 있다면 크게 진일보한 것이다.

상대를 불편하게 할 말을
넌지시 던질 때를 알라

상대를 불편하게 할 말을 생각해두고, 그 말을 넌지시 던질 때를 알아야 한다. 이것은 인간관계에서 필요한 가장 절묘한 기술이다. 상대방을 살살 놀리면 그 사람의 마음을 떠보고 본심을 영악하게 꿰뚫어 볼 수 있다. 질투나 열정 때문에 독을 품고 악의적이고 무례하게 빈정대는 사람들도 있다. 하지만 그런 이유로 빈정대면 눈에 보이지 않는 번개가 친 것처럼 사람들의 호의와 존경이 단번에 사라질 것이다. 상대방에게 상처로 남는 말 한마디 때문에 몰락하는 사람들도 있다. 대중의 음모나 개인의 악의에도 끄떡하지 않던 상급자나 하급자가 그 말 때문에 멀어지는 것이다. 반대로, 가벼운 놀림은 정반대의 효과가 있어서 명성이 오히려 높아질 것이다. 하지만 악의가 담긴 말을 던질 때 기술이 많이 필요한 것처럼, 듣는 사람도 말을 신중하게 받아들이고 온갖 기술을 동원해서 그 여파를 정확하게 예상해야 한다. 방어를 잘하려면 정보가 있어야 한다. 미리 알아야 공격을 피할 수 있기 때문이다.

이기고 있을 때 떠나라

이기고 있을 때 떠날 줄 알아야 한다. 최고의 도박꾼들은 다 이렇게 한다. 적절한 후퇴는 용감한 공격만큼 훌륭하다. 돈을 많이 땄을 때도 마찬가지다. 따낸 칩의 개수가 충분해지면 곧바로 현금으로 바꿔라. 행운이 오랫동안 계속되는 것은 항상 의심스럽다. 행운과 불운이 번갈아 찾아올 때가 오히려 안전하며, 그럴 때 씁쓸하면서도 달콤한 즐거움을 느끼게 될 것이다. 행운이 몰려오면 미끄러지고 추락할 위험이 커진다. 행운의 여신이 보상해줄 때도 있다. 행운이 짧게 이어지는 대신 강렬하게 찾아오는 것이다. 행운의 여신은 자기 어깨에 누군가를 오래 얹어두기를 피곤해한다.

매사 절정에 도달하는
시점을 알고 그것을 즐겨라

매사 절정에 도달하는 시점을 알고 그것을 즐길 줄 알아야한다. 자연이 만들어낸 작품은 모두 완전한 상태에 도달한다. 그전까지는 성장하고, 그다음부터는 시들어간다. 한편, 사람이 만든 예술 작품은 개선할 수 없는 경우가 극히 드물다. 취향이 고상한 사람은 어떤 것이 완전한 상태에 이르렀을 때 그걸 즐길 줄안다. 모두가 그럴 능력이 있는 것은 아니며, 모두가 그 방법을 아는 것도 아니다. 지력의 열매도 이런 식으로 성숙해진다. 하지만완전해진 지력을 가치 있게 여기고 이용하려면 지력이 성숙해지는 시점을 먼저 알아야 한다.

사람들의 호의를 사라

사람들의 존경을 받는 것도 좋지만 호의를 얻는 것이 더 좋다. 같은 맥락으로, 행운이 따르는 것도 중요하지만 성실한 것이 더 중요하다. 처음에는 운이 좋아서 일이 잘됐더라도 성실해야 그런 상태를 계속 유지할 수 있다. 비범한 능력을 타고나는 것만으로는 충분하지 않다. 그런데도 사람들은 명성이 있으면 사랑받기 쉽다고 착각할 때가 많다. 호의는 선행에 달렸다. 그러니까 다양한 방식으로 선을 행하라. 말도 예쁘게 하고, 좋은 일도 많이 하라. 사랑받고 싶은 만큼 사람들을 사랑하라. 정중한 태도는 위대한 인물이 다른 사람들을 매혹할 때 쓰는 방법이다. 선행부터 하고 나서 펜을 노려라. 말은 칼을 뒤따른다. 작가들의 호의를 사면 그 호의는 영원히 이어진다.

절대로 과장하지 말라

말할 때 과장하지 말라. 최상급의 표현을 사용하는 것은 현명하지 않다. 진실이 왜곡되고 사람들이 당신의 판단에 의문을 제기할 수 있기 때문이다. 과장은 판단력을 낭비하는 행동이며 지식이나 안목이 부족하다는 증거다. 칭찬은 생생한 호기심을 자극하고 욕망을 불러일으킨다. 하지만 나중에 칭찬받은 대상의 가치가 과대평가되었다고 여겨지면 사람들은 속았다는 생각에 칭찬받은 대상과 칭찬한 자를 모두 우습게 볼 것이다. 그래서 신중한 사람은 칭찬할 때 좀 더 조심한다. 좋은 말을 과하게 쏟아내기보다는 적게 들려주기를 택한다. 진정으로 훌륭한 것은 드물어서 지나치게 좋은 평가를 자제할 필요가 있다. 과대평가도 일종의 거짓말이다. 함부로 과장했다가는 안목이 높다는 명성에 흠집이 생기거나 한술 더 떠서 지혜롭다는 명성에 타격을 입을 수 있다.

042

타고난 지배자가 되어라

타고난 지배력은 은밀하고 우월한 힘이다. 이런 힘은 성가시게 술책을 써서 얻는 것이 아니라 타고난 지배자의 본성에서 비롯된다. 모든 사람이 이유도 모른 채 이런 힘에 복종한다. 무의식적으로 지배자의 은밀한 힘과 타고난 권위를 알아보는 것이다. 타고난 지배자는 군주다운 성향이 있으며 왕으로서의 가치와 사자의 타고난 권리를 드러낸다. 이런 사람은 다른 이들의 존경과 사랑을 받고 그들의 마음을 사로잡는다. 만일 다른 재능도 갖췄다면 정치판을 주도하는 인재가 될 것이다. 타고난 지배자는 손짓 하나로 장황하게 열변을 토하는 사람들보다 더 많은 일을 이룰 수 있다.

소수처럼 생각하고
다수처럼 말하라

소수처럼 생각하고 다수처럼 말해야 한다. 흐름에 역행하면 진실을 발견하기가 불가능해지고 신변도 매우 위험해진다. 그런 시도는 소크라테스Socrates(고대 그리스의 철학자)만 할 수 있다. 반대 의견은 다른 사람들에 대한 모욕으로 받아들여진다. 그들의 판단을 비난하는 것이기 때문이다. 많은 이가 비난받은 사람이나 자신들과 달리 그를 칭찬한 사람 때문에 기분 나빠한다. 진실은 소수를 위한 것이며, 기만은 흔하고 저속하다. 누군가가 대중 앞에서 하는 말만 들어서는 그 사람이 현명한지 알기 어렵다. 그런 자리에서는 현명한 사람도 소신을 밝히기 어려워서 남들이 흔히 하는 어리석은 소리를 늘어놓기 때문이다. 그런 말을 하면서도 속이 부글부글 끓더라도 말이다. 분별 있는 사람은 남에게 반박당하는 상황도, 남을 반박하는 상황도 만들지 않는다. 속으로는 다른 사람을 쉽게 비난하더라도 공개적으로 그러지는 않는다. 생각은 개인의 자유다. 다른 사람이 개인의 생각을 침해할 수도 없고 그래서도 안 된다. 현명한 사람은 침묵 속으로 물러난다. 침묵에서 벗어날 때는 눈에 크게 띄지 않는 곳에서 자기 생각을 분별 있는 소수에게 들려준다.

위대한 사람과 교감하라

영웅과 교감하라. 영웅의 의견에 동의할 수 있는 것도 영웅적인 자질이다. 이런 공감 능력은 워낙 신비롭고도 유용해서 자연이 낳은 기적이라고 불린다. 감정과 기질이 비슷한 사람들이 있다. 공감의 효과는 무지한 사람들이 마법의 묘약에 부여하는 효과와 비슷하다. 공감 능력이 있으면 명성을 얻는 데 도움이 된다. 다른 사람들의 마음이 우리 쪽으로 기울어서 그들의 호의를 빠르게 얻는 데도 도움이 된다. 공감할 줄 알면 말을 하지 않고도 남을 설득하고 별다른 공로 없이도 목표를 달성할 수 있다. 공감에는 능동적인 공감과 수동적인 공감이 있다. 둘 다 높은 지위에 있는 사람들에게 놀라운 효과를 발휘한다. 두 가지 공감 능력을 이해하고 구분하고 이용하려면 탁월한 기술이 필요하다. 다른 방식으로 아무리 노력해도 이런 신비로운 우위를 대신할 수는 없다.

교활함을
적절하게 이용하라

교활함도 적절히 이용할 줄은 알아야 한다. 교활함을 즐겨서
는 안 될뿐더러 그것을 드러내서는 안 된다. 모든 기술은 감춰야
하며, 교활함은 특히 더 그렇다. 사람들의 의심을 살 수 있기 때
문이다. 기만은 흔한 일이라서 경계를 늦추지 말아야 한다. 하
지만 다른 사람들의 신뢰를 잃지 않도록 경계심을 숨기는 것이
좋다. 경계심을 드러내면 사람들의 마음이 상하고, 복수심이 꿈
틀거리며, 상상하기도 끔찍한 악이 깨어난다. 행동에 나설 때 신
중한 태도를 보이는 것이 유리하다. 이런 태도보다 지혜로움을
더 잘 보여주는 증거도 없다. 어떤 행동을 하든 가장 중요한 기술
은 그 행동을 능숙하게 해내는 것이다.

반감을 누그러뜨려라

반감을 제어하라. 우리는 누군가의 장점을 알아차리기도 전에 본능적으로 그 사람을 미워할 때가 있다. 가끔은 이런 자연스러우면서도 저속한 혐오감이 훌륭한 사람을 향할 때도 있다. 신중한 태도로 자신의 반감을 누그러뜨려라. 우리보다 나은 사람을 혐오하는 것보다 품위가 더 떨어지는 일도 없다. 영웅과 잘 어울리는 것은 훌륭한 일이며, 영웅에게 반감을 느끼는 것은 부끄러운 일이다.

위험 부담이 큰 계획에
전념하지 말라

위험 부담이 큰 계획에 나서지 말라. 이것이 바로 신중한 삶의 주요 목표 중 하나다. 재능이 특출난 사람은 극단적인 일을 멀리한다. 한쪽 끝에서 다른 쪽 끝까지는 거리가 먼데, 신중한 사람은 항상 중도를 걷는다. 그런 사람은 오랫동안 심사숙고하고 나서야 행동에 나선다. 위험은 극복하기보다 피하기가 더 쉽기 때문이다. 위험한 상황에 놓이면 판단력이 흐려지게 마련이다. 따라서 그런 상황 자체로부터 도망치는 것이 더 안전하다. 한 가지 위험은 더 큰 위험으로 이어지고 우리를 재앙의 끄트머리로 이끈다. 타고난 기질이나 민족적인 정서 때문에 성질이 급한 사람들도 있다. 이런 사람은 자신뿐만 아니라 다른 이들까지 금세 위험에 빠뜨린다. 하지만 이성의 빛이 비치는 곳으로 걷는 사람은 상황을 냉철하게 판단한다. 그리고 위험을 정복하는 것보다 회피하는 것이 더 용감한 일이라는 점을 깨닫는다. 이성적인 사람은 성급하고 어리석은 이가 이미 있는 것을 보고 그런 자 한 명이 더 생기지 않도록 주의한다.

깊이 있고 철저한
사람이 되어라

깊이 있고 철저한 사람이 되어야 한다. 외면보다 내면이 두 배 더 중요하다. 마치 건설 비용이 바닥나서 완성되지 못한 집처럼 겉만 번지르르한 사람도 있다. 입구는 궁전 같은데 안에 있는 방은 오두막을 연상시킨다. 이런 사람은 항상 본인은 마음이 편하지만 다른 이가 쉴 수 있는 공간을 제공하지 못한다. 상대방과 첫 인사말을 나누자마자 대화가 끝나기 때문이다. 처음에는 시칠리아산 종마처럼 엄청난 에너지를 뿜내면서 인사하지만 금세 조용해진다. 재치 있는 말이 꾸준히 생각나지 않으면 대화가 중단되기 때문이다. 그럼에도 표면적인 것을 중시하는 이들은 이런 사람에게 쉬이 속는다. 하지만 예리한 인물들은 이런 사람의 속을 들여다보고 공허함만 있다는 사실을 알아차린다.

관찰력과 판단력

관찰력이 예리하고 판단력이 뛰어난 사람은 사물에 지배당하지 않고 사물을 다스린다. 이런 사람은 깊이 숨어 있는 진실을 헤아리고 다른 이들의 재능을 꼼꼼하게 살핀다. 누군가를 보자마자 그 사람을 이해하고 그의 실체를 파악할 수도 있다. 이런 사람은 몇 가지만 관찰하고도 상대방의 가장 내밀한 본성을 꿰뚫어본다. 날카로운 관찰력, 예민한 통찰력, 적절한 판단력으로 모든 것을 발견하고, 눈치채고, 포착하고, 이해한다.

자존감을 잃지 말되,
자신에게 너무 익숙해지지 말라

자존감을 지키되, 자신에게 너무 익숙해지지 말아야 한다. 자신의 고결함을 기준으로 삼고 바르게 살아라. 어떤 행동을 하든 외부의 그 어떤 수칙보다도 자신의 판단을 엄격하게 적용해야 한다. 부적절한 것은 멀리하라. 다른 사람들이 가혹하게 비난할까 봐 두려워서가 아니라 자신의 신중한 성향에 맞지 않을까 봐 두려워해야 한다. 자신을 두려워할 줄 알면 세네카의 상상 속 목격자(자신의 양심)가 없어도 된다.

좋은 선택을 하는
사람이 되어라

좋은 선택을 하는 사람이 되어야 한다. 우리의 인생 대부분이 선택 능력에 달렸다. 선택을 잘하려면 높은 안목과 올바른 판단이 필요하다. 머리가 좋거나 연구를 많이 하는 것만으로는 충분하지 않다. 안목과 선택이 없는 완전함이란 없다. 좋은 선택을 하려면 두 가지 재능이 필요하다. 선택할 줄 알아야 한다. 그것도 최고의 선택을 할 줄 알아야 한다. 영리하고, 판단력이 좋고, 부지런하고, 아는 게 많은 사람도 막상 선택의 순간이 오면 길을 잃는 경우가 많다. 마치 일부러 그렇게 한 듯 항상 최악의 선택을 하는 것이다. 좋은 선택을 할 줄 아는 능력은 신이 내린 최고의 재능이다.

절대로 평정심을 잃지 말라

평정심을 유지하라. 신중한 사람은 절대로 통제력을 잃지 않으려고 노력한다. 이런 사람이 진실한 진국이다. 아량이 넓은 사람은 감정에 쉽게 휘둘리지 않는다. 지나친 열정은 마음속 변덕과 같아서 판단력을 흐린다. 이런 흥분이 입으로 퍼지면 명성이 위태로워질 것이다. 자신을 철저하게 다스리면 좋을 때나 나쁠 때나 당신이 심리적으로 동요한다고 비난하는 사람은 없을 것이다. 모두가 당신의 초연함에 감탄할 것이다.

부지런하고
똑똑하게 살아라

부지런하고 똑똑하게 처신하라. 머리로 충분히 생각하고 몸으로 빠르게 행동하라. 어리석은 사람은 서두르길 좋아한다. 장애물에 신경 쓰지 않고 경솔하게 행동하는 것이다. 반대로, 현명한 사람은 머뭇거리느라 일을 그르칠 때가 많다. 어리석은 사람은 그 무엇에도 개의치 않고 앞으로 나아가고, 현명한 사람은 모든 것에 신경 쓰느라 나아가지 못한다. 똑바로 판단한 일도 능률적으로 처리하지 못하고 소홀히 하면 망칠 때가 있다. 민첩함은 행운의 어머니다. 오늘 할 일을 내일로 미루지 않고 해결하는 것은 대단한 성과다. '천천히 서둘러라'는 실천하면 좋을 좌우명이다.

대담하면서도
신중하게 행동하라

대담하면서도 신중하게 행동해야 한다. 토끼도 죽은 사자의 수염을 잡아당길 수 있다. 사랑과 마찬가지로 용기도 농담거리가 아니다. 두려움에 한 번 굴복하면 그다음에 또 굴복하고 계속 굴복하게 된다. 두려워하지 않고 마지막에 목적을 달성할 때 들인 노력을 처음에 들였더라면 효과가 더 좋았을 것이다. 정신적인 용기는 육체적인 힘을 능가한다. 이런 용기는 신중함이라는 칼집 속에 넣어뒀다가 기회가 오면 바로 쓸 수 있는 칼 같아야 한다. 이것이 당신의 방패막이다. 약한 정신력이 약한 육체보다 더 큰 악재다. 자질이 탁월한데도 열의가 부족해서 활기 없는 삶을 살다가 자신의 무기력함에 파묻히는 사람이 많다. 지혜로운 자연은 사려 깊게 꿀의 달콤함과 꿀벌의 침을 연관시켰다. 연약한 육체에도 신경과 뼈가 있다. 그러니 정신이 너무 물렁물렁해지게 놔둬서는 안 된다.

기다릴 줄 알아야 한다

기다릴 줄 안다는 것은 정신력과 인내심이 강한 사람이라는 증거다. 절대로 서두르지도 말고 감정에 휘말려서 흥분하지도 말라. 자신을 다스릴 수 있으면 다른 사람도 다스릴 수 있을 것이다. 시간을 가볍게 통과해서 기회의 중심에 다가가라. 거기서 현명하게 한발 물러서서 생각해보면 성공의 열매를 따고 성공 비법을 발전시킬 수 있을 것이다. 목발을 짚고 느릿느릿 움직이는 '시간'이 강철 곤봉을 휘두르는 헤라클레스보다 더 많은 일을 할 수 있다. 신도 인간을 훈계할 때 회초리가 아니라 시간을 이용한다. '시간과 나는 그 어떤 두 명도 이길 수 있다'라는 명언이 있다. 행운의 여신은 기다리는 사람에게 더 큰 상을 내린다.

순발력을 키워라

순발력은 정신이 기분 좋게 준비됐을 때 발휘된다. 정신이 이런 상태일 때는 궁지에 몰릴 일도 없고 마음을 불편하게 하는 우발적인 사건도 일어나지 않는다. 생기와 활력만 생길 뿐이다. 너무 많이 생각해서 모든 일을 그르치는 사람이 있다. 반대로, 미리 생각하지 않고도 모든 일을 제대로 해내는 사람이 있다. 어떤 사람들은 위기에서 가장 빛나는 괴물들이다. 즉석에서 하는 일은 모두 성공하지만 오래 생각하고 하는 일은 전부 실패한다. 이런 사람에게는 즉시 떠오르지 않은 생각은 영원히 떠오르지 않을 것이다. 나중을 생각하는 것도 아무 의미가 없다. 민첩한 태도는 사람들의 박수를 받는다. 영리하게 생각하고 분별 있게 행동할 줄 아는 뛰어난 능력의 증거이기 때문이다.

일은 천천히,
하지만 확실하게 해야 한다

    일은 천천히, 하지만 확실하게 처리하라. 일을 제대로 처리했다면 충분히 빨리 해낸 것이다. 금세 만든 것은 그만큼 빨리 망가질 수 있다. 하지만 영원히 이어져야 하는 것은 만드는 데 그만큼 시간이 오래 걸린다. 완벽한 것만이 주목받으며, 성공한 것만이 오래간다. 깊이 이해해야 불멸의 작품을 만들어낼 수 있다. 가치가 큰일을 해내려면 노력을 많이 기울여야 한다. 금속도 마찬가지다. 가장 가치 있는 금속이 제련하는 데 시간이 가장 오래 걸리며 무게도 가장 많이 나간다.

주변 사람들에게
적응하라

주변 사람들에게 적응할 줄 알라. 모든 사람 앞에서 당신의 능력을 보여줄 필요는 없다. 필요 이상으로 노력할 필요도 없다. 당신의 지식이나 가치를 낭비하지 말라. 매를 잘 부리는 사람은 사냥할 때 새를 필요한 수만큼만 동원한다. 오늘 너무 많은 것을 보여주면 내일 보여줄 것이 없어진다. 항상 사람들이 감탄할 수 있게 새로운 것을 남겨둬라. 매일 조금씩 보여주는 사람은 다른 이들의 기대에 부응하며, 아무도 그가 지닌 재능의 한계를 알아내지 못한다.

끝이 좋아야 한다

마무리를 잘해야 한다. 기쁨의 문을 통해서 행운의 집에 들어가면 슬픔의 문으로 나오게 된다. 반대로, 슬픔의 문으로 들어가면 기쁨의 문으로 나오게 된다. 따라서 일을 마무리하는 방식에 주의해야 한다. 박수를 많이 받으면서 입장하는 것보다 우아하게 퇴장하는 데 관심을 더 기울여라. 운이 없는 사람은 시작은 좋은데 끝이 아주 비극적인 경우가 많다. 중요한 것은 입장할 때 박수를 받는 것이 아니다. 그런 일은 흔하게 일어난다. 중요한 점은 떠나고 나서 사람들이 당신을 그리워하는 것이다. 앙코르를 받을 자격이 있다고 여겨지는 사람은 드물다. 행운의 여신이 누군가를 문까지 배웅하는 일은 자주 일어나지 않는다. 그녀는 다가오는 사람한테는 잘해주지만 떠나는 사람한테는 무례하다.

좋은 판단력

현명하고 신중하게 태어나는 사람도 있다. 이점을 갖고 세상에 태어나는 것이다. 이런 사람은 지혜의 선천적 요소인 좋은 판단력 덕택에 이미 성공으로 가는 길의 절반을 통과한 셈이다. 나이와 경험이 많아지면 이성이 더 성숙해져서 판단력이 더욱 좋아진다. 이런 사람은 신중한 태도를 흔들리게 하는 어떤 종류의 변덕이든 좋아하지 않는다. 특히 나라에 관한 일이라면 더욱 그렇다. 나랏일은 워낙 중요해서 확신이 꼭 필요하기 때문이다. 탁월한 판단력을 지닌 사람은 국가를 이끌 자격이 있다. 직접 이끌 수도 있고, 고문으로 활동할 수도 있다.

최고의 일에서
탁월한 능력을 발휘하라

최고의 일에서 탁월한 능력 발휘하기! 뛰어난 능력들 중에서 이런 능력은 보기 드물다. 능력이 출중하지 않은 영웅은 없으며, 평범한 것은 박수받지 못한다. 높은 직책에서 뛰어난 능력을 보이면 평범한 사람들 사이에서 두드러지고 엘리트들과 어깨를 나란히 할 수 있다. 반대로, 낮은 직책에서 뛰어난 능력을 보이면 별 볼 일 없는 일을 잘하는 것일 뿐이다. 일이 편할수록 명예는 적게 따라온다. 최고의 일에서 탁월한 능력을 발휘하면 군주처럼 사람들의 존경을 받고 호의를 얻을 수 있다.

최고의 도구를 이용하라

최고의 도구를 이용할 줄 알라. 어떤 사람들은 일부러 질이 떨어지는 도구를 사용하면서 자신의 능력을 과시하려고 한다. 하지만 이런 식의 만족감은 위험하며 치명적인 파멸로 이어지더라도 어쩔 수 없다. 신하가 훌륭하다고 해서 군주의 위대함이 줄어드는 것은 아니다. 성공에 대한 공로를 인정받는 것도, 실패에 대한 비난을 감수해야 하는 것도 결국 주인공의 몫이다. 명성을 얻는 것은 바로 군주다. 아무도 "그 왕에게는 좋은(나쁜) 신하가 있었어"라고 말하지 않는다. 그 대신 "그 왕은 훌륭했어(별로였어)"라고 말한다. 그러니까 신하를 신중하게 고르고 능력을 꼼꼼하게 검증해야 한다. 그들에게 당신의 명예가 달렸다.

어떤 일을 하는 첫 사람이 되는 것은
그 자체로 훌륭하다

어떤 일에서 첫 사람이 된다는 것만으로도 훌륭하다. 여기에 그 일을 정말 잘하기까지 하면 업적이 두 배로 빛날 것이다. 다른 모든 조건이 같다면 처음 나선 사람이 유리한 고지를 점한다. 다른 사람들이 먼저 나타나지 않았더라면 자기 분야에서 불사조처럼 유일무이한 존재가 됐을 사람들도 있다. 어떤 일이든 처음 해낸 사람에게 명예가 따르고, 그 뒤를 잇는 사람들은 생계유지를 위해 소송이나 걸어야 하는 처지에 놓인다. 그들이 아무리 열심히 노력해도 남의 것을 따라 한다는 비난에서 벗어나지 못한다. 비범하고 영리한 사람은 괄목할 성과를 올리는 새로운 방법을 항상 찾아낸다. 이때 모험이 안전할 수 있도록 신중하게 접근해야 한다. 현명한 사람은 새로움을 활용해서 영웅의 반열에 오른다. 용의 꼬리보다 뱀의 머리가 낫다고 생각하는 사람들도 있다.

걱정거리를 만들지 말라

문젯거리를 피하는 것이 이롭고 현명한 처사다. 신중한 태도를 보이면 여러 문젯거리를 멀리하고 안락과 행복을 추구할 수 있다. 해결책이 있지 않은 이상 사람들에게 나쁜 소식을 전하지 말라. 당신도 나쁜 소식을 듣지 않도록 조심해야 한다. 어떤 사람들의 귀에는 달콤한 아첨만 들리고, 어떤 사람들의 귀에는 쓴 험담만 들린다. 매일 불쾌한 일을 겪지 않고는 살지 못하는 사람들도 있다. 독에 대한 내성을 키우려고 매일 독약을 조금씩 먹은 미트리다테스Mithridates 왕 같은 사람들이다. 그렇다고 해서 다른 사람을 즐겁게 해주려고 평생 걱정거리를 떠안고 살아서도 안 된다. 아무리 아끼는 가까운 사람의 걱정거리라고 해도 그것은 좋은 생각이 아니다. 그 문제와 관련도 없고 당신에게 조언만 해주는 사람을 위해서 당신의 행복을 희생하지 말라. 다른 사람을 기쁘게 해주려다 걱정거리가 생긴다면 이 점을 명심하라. 당신이 훗날 헛되이 슬픔을 느끼는 것보다 그 사람이 지금 슬픈 게 낫다.

안목을 키워라

지적인 능력처럼 안목도 키울 수 있다. 무엇을 완전히 이해하면 욕구가 자극되고 즐거움도 커진다. 누군가가 재능이 얼마나 있는지 알고 싶으면 그 사람이 성취하길 원하는 것을 보면 된다. 위대한 정신을 만족시킬 것은 위대한 일뿐이다. 대식가는 음식을 많이 먹고 싶어 하고, 고귀한 인물은 고귀한 일을 하고 싶어 하는 식이다. 이 세상에 대단히 중요한 일은 그렇게 많지 않다. 그러니까 아무거나 함부로 좋아하지 말라. 안목은 사람들과 교류하면서 키울 수 있다. 지속적인 연습을 통해서 다른 사람들의 고상한 취향을 내 것으로 만들면 된다. 그래서 안목이 높은 사람들과 어울릴 수 있으면 더없이 좋다. 그렇다고 해서 그 무엇에도 만족하지 못해서는 안 된다. 그런 태도는 어리석음의 극치다. 실제 취향 때문이 아니라 가식으로 그런 척하는 경우라면 상황은 더 끔찍하다. 자신의 기상천외한 상상을 만족하려고 신이 다른 세상, 다른 완벽함을 창조하길 바라는 사람들도 있다.

일이 잘 마무리되도록
신경 써라

일의 온전한 마무리를 위해 신경 써야 한다. 어떤 사람들은 목표를 성공적으로 달성하는 것보다 일을 올바른 방향으로 전개하는 과정에 신경을 더 많이 쓴다. 하지만 이런 사람들이 아무리 부지런히 일했더라도 성과를 내지 못하면 세상은 그들이 수치스럽게 실패했다는 사실만 기억한다. 승자는 아무것도 해명할 필요가 없다. 세상은 당신이 어떤 수단을 동원했는지보다 결과가 좋은지 나쁜지에 관심이 더 많다. 그래서 원하는 목표를 달성한 사람은 명성에 흠이 생기는 일이 없다. 설령 이용한 수단이 만족스럽지 못했더라도 끝이 좋으면 모든 게 아름다워진다. 따라서 가끔은 좋은 결말을 위해 기술적인 아쉬움을 넘어설 줄 알아야 한다. 이 또한 일종의 기술이다.

칭찬받을 직업을
선택하라

칭찬받을 만한 직업을 택하라. 거의 모든 일이 다른 사람들의 만족감에 달렸다. 존경과 완벽함의 관계는 산들바람과 꽃의 관계와 같다. 사람들의 존경이 완벽함에 생명을 불어넣는다. 모두의 찬사를 받는 직업도 있고, 더 중요한데도 사람들의 눈에 잘 안 띄는 직업도 있다. 전자는 모두가 볼 수 있고 사람들의 호의도 쉽게 얻는다. 하지만 후자는 보기 드물고 기술도 더 많이 필요하다. 사람들이 거의 인지하지 못하는 은밀한 직업은 존경은 받지만 박수는 받지 못한다. 가장 유명한 군주는 승리하는 군주다. 그것이 바로 아라곤Aragon의 왕들이 그토록 찬사를 받은 이유다. 그들은 관대한 정복자요 전사였다. 위대한 사람은 모두가 보고 기쁨을 함께 나눌 수 있는 유명한 직업을 선택한다. 모두가 위대한 사람을 선출하는 데 동의하는 마음이 그에게 불멸을 안겨줄 것이다.

068

다른 사람들을
이해시켜라

다른 사람들 이해시키기! 이것이 사람들이 무엇을 기억하도록 돕는 것보다 낫다. 이해력이 기억력보다 훨씬 뛰어난 능력이기 때문이다. 다른 사람들에게 무엇을 상기시켜줘야 할 때도 있고 미래에 대해서 조언해줘야 할 때도 있다. 단순히 그럴 생각을 못 해서 적절한 순간에 일을 처리하지 못하고 실패하는 사람들이 있다. 이때 친한 사람이 조언해주면 그 일의 이점이 분명해질수 있다. 가장 탁월한 재능 한 가지는 무엇이 중요한지 금세 파악하는 것이다. 이런 재능이 없으면 성공할 일도 실패로 돌아가는 경우가 많다. 지성의 빛을 가진 사람은 다른 이들에게 그것을 나눠줘야 하고, 지성의 빛을 갖지 못한 사람은 그것을 달라고 요구해야 한다. 전자는 신중하게 하고, 후자는 정중하게 하는 것이 좋다. 조언자가 그 일과 관련이 있을 때 이런 섬세한 수완이 특히 더 필요하다. 처음에는 맛만 보여주고, 그것으로 충분하지 않으면 그때 더 많이 알려주면 된다. 조언을 구하는 사람이 부정적으로 생각하더라도 그 생각을 긍정적으로 바꿀 방법을 찾아라. 바로 이 대목에서 머리를 써야 한다. 거의 모든 일이 시도된 적이 없다는 이유만으로 성공하지 못하기 때문이다.

자잘한 충동에
일일이 휘둘리지 말라

매사 충동에 휘둘리지 말라. 위대한 사람은 스쳐 지나가는 생각에 일일이 굴복하지 않는다. 자아 성찰은 지혜의 샘이다. 자신의 기질을 알아차리고 자연적인 것과 인공적인 것의 균형을 맞추기 위해서 반대쪽 극단으로 향하라. 더 나은 사람이 되려면 자신을 아는 것에서 시작해야 한다. 변덕이 죽 끓듯 해서 기분이 시시각각 달라지는 사람들도 있다. 이런 사람들은 지독한 불균형에 시달리다 보니 일할 때도 자기모순에 빠지고 만다. 이런 극단적인 측면 때문에 굳은 의지가 무너지고, 판단력이 흐려지며, 욕망과 이해가 상충한다.

거절할 줄도 알아야 한다

거절해야 할 때는 거절하라. 모두에게 모든 것을 줄 수는 없다. 따라서 승낙할 줄 아는 것만큼이나 거절할 줄 아는 것도 중요하다. 다른 사람들을 지휘할 경우 특히 그렇다. 중요한 것은 거절하는 방법이다. 어떤 사람들의 거절은 다른 사람들의 승낙보다 더 가치 있게 여겨진다. 무미건조한 승낙보다 달콤한 거절이 더 만족스럽기 때문이다. '아니요'를 입에 달고 사는 사람이 많다. 모든 것을 불쾌하게 만들고 '아니요'라는 대답이 머릿속에 가장 먼저 떠오르는 사람들이다. 이런 사람들은 나중에 대답을 바꾸더라도 존경받지 못한다. 대화를 불친절하게 시작했기 때문이다. 따라서 거절하더라도 너무 칼같이 거절하지는 말아야 한다. 사람들이 실망감을 서서히 느낄 수 있게 신경 쓰는 것이 좋다. 그 무엇도 완전히 거절하지 말라. 그랬다가는 사람들이 당신에게 더는 의지하지 않을 것이다. 거절의 쓰라림을 달랠 수 있게 희망을 조금 남겨둬라. 정중한 말로 못다 한 행동을 대신하라. '네'와 '아니요'는 간단한 답이지만 오래 고민해봐야 할 말이다.

일관되게 행동하라

행동에는 일관성이 있어야 한다. 기질 때문이든 겉치레 때문이든 일관적이지 않은 태도를 버려야 한다. 신중한 사람은 항상 일관성 있는 행동으로 최고의 자질을 발휘한다. 특별한 이유가 있거나 깊이 생각했을 때만 다른 모습을 보인다. 매번 처신을 달리하는 것은 볼썽사납다. 매일 달라지는 사람들도 있는데, 이런 이들은 운도 매일 달라지고 의지와 이해력도 매일 달라진다. 어제 승낙했던 제안도 오늘 거절하는 사람들이다. 이런 사람들은 자신의 명성을 깎아내리고 다른 이들을 혼란에 빠뜨린다.

결단력이 있어야 한다

계획을 제대로 실행하지 못하는 것보다 계획을 세울 때 결단력이 없는 게 더 나쁘다. 강물은 둑으로 막혀 있을 때보다 흐를 때 해를 덜 끼친다. 어떤 이들은 스스로 마음을 정하지 못하고 다른 사람들이 등을 떠밀어줘야 한다. 그들이 당황해서 그러는 것이 아닐 때도 있다. 판단은 명확하게 내렸는데 추진력이 부족한 경우다. 어려움을 찾아내는 데도 기술이 필요하지만, 어려움을 피할 방법을 찾는 것이 더 까다롭다. 반대로, 어떤 이들은 절대로 곤경에 처하는 일이 없고 판단력과 결단력이 뛰어나다. 그들은 고결한 일을 하기 위해 태어났고 명확한 사고 덕택에 쉽게 성공한다. 말이 떨어지기가 무섭게 계획을 실행하며, 일 처리 속도도 빨라서 끝나고 나면 시간이 남을 정도다. 그들은 자신의 운을 믿기 때문에 더 큰 자신감을 등에 업고 모험에 나선다.

피해야 할 때를 알라

피할 때를 잘 봐야 한다. 신중한 사람은 이런 기술을 이용해서 어려움을 모면한다. 재치 있는 농담을 던져서 복잡한 상황에서도 빠져나온다. 미소 하나로 어려움에서 벗어나는 것이다. 위대한 지도자들은 이런 기술에 능하다. 거절해야 할 때 대화 주제를 바꾸는 것이 정중한 방법인 경우가 많다. 때로는 못 알아듣는 척하는 게 상황을 가장 확실히 이해하는 것이다.

쌀쌀맞게 굴지 말라

쌀쌀맞은 사람이 되지 말라. 가장 거친 짐승들은 사람이 가장 많은 곳에 산다. 접근하기 어려운 이는 자신을 믿지 못하는 사람이며 명예가 높아지면 태도도 달라진다. 다른 사람들을 짜증 나게 하는 것은 명성을 얻기 좋은 방법이 아니다. 언제든 흉포하고 무례하게 변할 수 있는 성질 못된 사람을 떠올려보자. 이런 사람을 섬기는 운 나쁜 이들은 채찍으로 무장한 채, 마치 그가 호랑이라도 되는 양 조심스럽게 접근한다. 이런 사람은 높은 직책에 올라가려고 모두의 비위를 맞췄을 것이다. 그러다가 거기 오르고 나면 복수의 일종으로 모두를 화나게 하고 싶어 한다. 직책의 특성상 모두가 접근하기 쉬워야 하는데, 쌀쌀맞은 태도와 허영심 때문에 아무도 그에게 접근하지 못한다. 이런 사람을 벌하는 가장 좋은 방법은 아예 피하는 것이다. 당신의 지혜를 다른 사람들에게 전수하라.

모범이 될 만한 사람을 고르고 그와 어깨를 나란히 하라

모범이 될 만한 사람을 골라라. 그 사람을 흉내 내지 말고 그와 어깨를 나란히 하라. 명예가 드높은 위대한 사람들이 있다. 자기 분야에서 본받고 싶은 사람을 고르고, 그 사람을 단순히 따르지 말고 능가하려 노력하라. 알렉산드로스 대왕이 아킬레스Achilles(트로이 전쟁을 승리로 이끈 그리스 신화 속 영웅)의 무덤 앞에서 눈물을 흘린 것은 아킬레스가 아니라 자신 때문이었다. 아킬레스와 달리 그의 명성은 아직 전 세계로 뻗어 나아가지 못한 시절이었다. 명성이 자자한 영웅을 추앙하는 나팔 소리보다 사람의 야망을 더 자극하는 소리도 없다. 이런 소리는 질투심을 쫓아내고 위대한 공적을 세우도록 격려한다.

항상 농담만 해서는
안 된다

농담만 하지 말라. 지혜는 진지한 일에서 드러나며 재치보다 더 높이 평가된다. 항상 농담할 준비가 되어 있는 사람은 진지한 문제를 논할 준비가 전혀 안 되어 있다. 우리는 이런 사람을 거짓말쟁이처럼 대한다. 그가 하는 말을 절대로 믿지 않는 것이다. 속임수를 쓰거나 농담만 늘어놓을까 봐 걱정되기 때문이다. 농담만 하는 사람은 언제 판단력을 발휘하는지 알기 어렵다. 판단력이 거의 없어 보이기도 한다. 최악의 유머는 쉼 없이 계속되는 유머다. 어떤 사람들은 재치 있다는 명성을 얻고 나서 분별력을 잃어버린다. 유쾌함이 필요한 순간도 있지만, 나머지 시간에는 진지함이 필요하다.

상대에게 자신을 맞춰라

모두에게 맞출 줄 알아야 한다. 신중한 프로테우스Proteus(자유자재로 변신하는 바다의 신)가 되어라. 박식한 사람과 있을 때는 박식하게, 성자와 있을 때는 성자처럼 행동하라. 이것은 다른 사람들의 호의를 얻기 좋은 방법이다. 누군가와 비슷한 면이 있을 때 그 사람에게 호의를 베풀기가 더 쉽기 때문이다. 사람들의 기분을 살피고 거기에 자신을 맞추면 된다. 진지한 사람과 있든 유쾌한 사람과 있든 상대방의 분위기에 맞추고 품위 있게 자신을 바꿔라. 다른 사람들에게 의지해야 할 때 이런 기술이 특히 유용하다. 이것은 신중한 삶을 위한 좋은 전략이지만 정말 똑똑해야 실행할 수 있다. 지식이 많고 다양한 분야에서 높은 안목을 가진 사람이라면 큰 어려움 없이 모두에게 자신을 맞출 수 있을 것이다.

일을 너무 서두르지 말라

어리석은 사람은 항상 일을 서두른다. 바보들은 전부 무모하기 때문이다. 어리석은 사람은 단순해서 위험을 예견하지 못한다. 그 대신 자신의 평판에 대해서 걱정하지도 않는다. 하지만 신중한 사람은 행동에 나설 때 신경을 많이 쓴다. 조심하고 주의하면서 앞으로 나아간다. 위험에 빠지지 않고 계속 전진할 수 있는지 알아보는 것이다. 일을 성급하게 추진하면 실패할 때가 많지만 행운이 따르기도 한다. 바닥이 깊을까 봐 걱정되는 곳은 천천히 지나가라. 앞에 장애물은 없는지 빈틈없이 확인하고, 부지런히 경계하면서 땅이 단단한 곳을 찾아야 한다. 요즈음에는 사람을 상대하다가 곤란해지는 일이 많아졌다. 따라서 한 걸음 나아갈 때마다 상황을 살피는 것이 좋다.

쾌활한 사람이 되어라

적당히 쾌활한 것은 결점이 아니라 재능이다. 약간의 재치는 성격에 감칠맛을 더해준다. 위대한 사람들도 깔깔대며 웃고 떠들 때가 있다. 그러면 모두가 그들을 좋아하게 된다. 하지만 훌륭한 사람들은 그런 순간에도 품위를 잃지 않으며 점잖지 않은 행동은 삼간다. 한편, 농담을 던져 어려운 상황에서 재빨리 벗어나는 귀재들도 있다. 어떤 일은 다른 사람들이 너무나 진지하게 여기더라도 가볍게 다루는 것이 맞다. 이때 당신의 쾌활한 면모가 드러나면 다른 사람들의 마음이 마법처럼 당신에게 넘어올 것이다.

정보를 수집할 때
조심하라

정보를 수집할 때는 조심해야 한다. 우리는 살면서 정보를 수집하는 데 많은 시간을 할애한다. 직접 볼 수 있는 것이 매우 적기에 주로 다른 사람들의 말을 믿으면서 살아간다. 귀는 진실의 뒷문이자 거짓말의 앞문이다. 진실은 귀로 듣기보다는 눈으로 볼 수 있을 때가 더 많다. 순수한 진실이 우리에게까지 오는 경우는 드물다. 진실이 멀리서 올 때 특히 그렇다. 진실에는 항상 그것을 거쳐 간 사람들의 감정이 섞여 있다. 감정은 닿은 모든 것의 색을 때로는 끔찍하게, 때로는 예쁘게 바꾼다. 그렇듯 우리에게 항상 어떤 식으로든 강렬한 인상을 주려고 한다. 무엇을 비판하는 사람보다 칭찬하는 사람을 더 조심하라. 그 사람이 어떤 음모를 꾸미고 있는지, 마음이 어느 쪽으로 기울었는지, 목적이 무엇인지 알아내라. 사실이 아닌 정보와 불완전한 정보에도 주의해야 한다.

탁월한 능력을 되살려라

탁월한 능력을 다시 깨워라. 이것이 바로 불사조의 특권이다. 시간이 흐르면 훌륭한 것도, 명성도 퇴색하고 만다. 좋은 것도 익숙해지면 덜 우러러보게 되며, 평범하지만 새로운 것이 훌륭하지만 오래된 걸 능가할 수도 있다. 따라서 용기, 재능, 행운을 비롯한 모든 것을 되살려야 한다. 매일 새롭게 떠오르는 태양처럼 놀라울 정도로 새로운 탁월함을 선보여라. 당신이 빛날 수 있는 무대도 바꿔라. 탁월한 능력을 보여주지 않으면 사람들은 그걸 그리워할 것이다. 그럴 때 능력을 새롭게 되살려서 박수를 받아라.

한쪽으로
너무 치우치지 말라

극단으로 치우치지 말아야 한다. 어느 현인은 가장 지혜로운 삶의 방식은 중도를 걷는 것이라고 했다. 너무 옳은 길만 고집하면 잘못된 길이 된다. 오렌지도 과즙이 다 빠져나갈 때까지 짜면 쓴맛만 남는다. 무엇을 즐길 때도 극단으로 치닫는 것은 바람직하지 않다. 머리도 너무 쥐어짜면 남는 생각이 없으며, 소젖도 너무 많이 짜면 우유가 아니라 피가 나온다.

가벼운 실수는
저질러도 괜찮다

가벼운 실수 정도는 용인하라. 부주의한 행동이 오히려 도움될 때도 있다. 그 덕택에 다른 사람들이 당신의 재능을 알아보는 것이다. 질투심에 사로잡히면 사람들을 배척하게 된다. 질투에 눈먼 사람이 가장 예의 바르게 말할 때가 가장 무서운 순간이다. 질투 많은 사람은 완벽한 것도 결점이 없다는 이유로 실패한 것으로 간주한다. 완전한 완벽함을 비난하는 것이다. 그런 사람은 눈이 여러 개 달린 아르고스Argos처럼 자신을 위로하려고 눈을 전부 동원해서 남의 결점만 찾는다. 비난은 번개와 마찬가지로 가장 높은 곳으로 향한다. 그러니까 호메로스Homeros(〈일리아드〉와 〈오디세이〉를 쓴 고대 그리스의 시인) 같은 인물이 가끔 비난을 감당하게 놔두고, 당신은 지성이나 용기가 필요한 일을 하다가 부주의한 척 행동하라. 그러면 악의가 수그러들고 독을 피할 수 있을 것이다. 이것은 불멸을 얻은 채 도망가기 위해 질투라는 황소 앞에서 붉은 망토를 흔드는 격이다.

적을 이용할 줄 알라

때때로 적을 이용하라. 칼날을 손으로 잡으면 다칠 위험이 있으니 칼자루를 잡아야 한다. 그러면 자신을 방어할 수 있다. 특히 적을 상대할 때 이런 점이 중요하다. 어리석은 사람이 친구를 이용하는 것보다 현명한 사람이 적을 더 잘 이용한다. 때로 호의로는 처리하지 못하는 산처럼 쌓인 어려운 문제를 악의가 해결해주기도 한다. 역사를 살펴보면 적 덕택에 위대해진 사람이 많다. 아첨은 증오보다 위험한데, 증오가 없애려는 자국을 아첨은 눈에 보이지 않게 그냥 덮어두기 때문이다. 현명한 사람은 다른 이들의 악한 눈을 자신을 돌아볼 거울로 삼는다. 이 거울은 애정이 가득한 눈보다 진실을 더 많이 보여준다. 현명한 사람은 이 거울의 도움을 받아서 결점을 줄이거나 고친다. 악의 있는 경쟁자들을 이웃으로 두고 있으면 행동을 매우 조심할 수밖에 없다.

만능패가 되지 말라

만능패가 되어서는 안 된다. 훌륭한 것은 남용되기가 쉽다. 모두가 탐내는 것은 모두의 짜증을 부르기도 한다. 아무짝에 쓸모없는 것도 나쁘지만, 어디에나 쓸 수 있는 것은 더 나쁘다. 어떤 사람들은 너무 자주 이기는 바람에 지고 만다. 그러면 그런 사람을 갈구하던 이들도 끝내 그를 경멸하게 된다. 이런 만능패는 모든 유형의 탁월함을 닳게 만든다. 그래서 처음에 얻었던 고유하다는 명성을 잃고 평범하다고 비난받는다. 일이 극단으로 치닫는 상황에 대한 해결책은 재능을 드러낼 때 중도를 벗어나지 않는 것이다. 완벽을 추구할 때는 과해도 괜찮지만, 그것을 보여줄 때는 절제해야 한다. 횃불이 밝을수록 불이 더 빨리 타오르고 더 빨리 꺼진다. 따라서 진정으로 존경받고 싶다면 자신을 덜 드러내는 것이 좋다.

소문이 나지 않게
조심하라

소문을 경계하라. 대중은 머리가 여러 개인 괴물과 같다. 악의를 드러내는 눈과 비방을 위한 혀도 여러 개다. 그러다 보니 작은 소문이 퍼져서 최고의 명성을 깎아내릴 때도 있다. 그런 소문이 당신을 별명처럼 따라다니면 평판이 나빠질 것이다. 대중은 주로 눈에 띄는 약점이나 터무니없는 결점을 빌미로 삼는다. 이런 내용이 소문으로 퍼뜨리기에 적합하다. 가끔은 시기심에 불타는 경쟁자들이 있지도 않은 결점을 교활하게 만들어낸다. 심술궂은 사람들은 뻔뻔하고 파렴치한 거짓말보다 질 낮은 농담 한마디로 훌륭한 명성을 더 빨리 무너뜨릴 수 있다. 나쁜 평판을 얻기는 너무나 쉽다. 누군가에게 나쁜 면이 있다고 믿기는 쉽고 그 사람이 누명을 벗기는 어렵기 때문이다. 신중한 사람은 이 모든 것을 피하고 무례한 이들을 주의 깊게 살핀다. 문제는 항상 해결하기보다 예방하기가 더 쉽다.

문화와 교양

인간은 야만인으로 태어나며 문화에 의해서 짐승보다 나은 상태로 발돋움한다. 문화 덕택에 우리는 진정으로 사람이 된다. 문화의 영향을 많이 받을수록 더 위대한 사람이 된다. 그런 믿음을 바탕으로 그리스는 다른 모든 나라 사람들을 '야만인'이라고 불렀다. 무지한 사람은 거칠고 무례하다. 지식만큼 문화에 크게 이바지하는 것도 없지만, 우아하게 다듬지 않은 지식은 거칠기만 하다. 따라서 지식은 우아해야 하며, 우리의 욕구도 우아해야 한다. 사실 그보다 더 중요한 것은 대화의 우아함이다. 어떤 사람들은 안팎으로 타고난 우아함을 보여준다. 생각, 말하는 태도, 몸 치장하는 방식(영혼의 껍질), 정신적인 능력(영혼의 열매)이 전부 우아하다. 반대로, 어떤 사람들은 워낙 거칠어서 자신의 훌륭한 자질을 비롯한 모든 것을 퇴색시킨다. 견딜 수 없을 만큼 야만적인 서투름을 보여주는 것이다.

멋지고 고결하게
행동하라

멋지고 고결하게 행동해야 한다. 더 높은 곳을 향해 나아가라. 위대한 사람은 절대로 옹졸하게 굴지 않는다. 다른 사람들과 대화를 나눌 때 온갖 세부 사항을 일일이 따질 필요는 없다. 특히 대화 주제가 불쾌할 경우 더욱 그렇다. 모든 것을 아는 게 중요하기는 하지만 모든 것에 관해서 모든 걸 알 필요는 없다. 여러 사항을 눈치채더라도 최대한 무심하게 행동하라. 대화를 심문으로 변질시키는 것은 바람직하지 않다. 정중한 사람에게 어울리는 행동을 하고, 신사다운 너그러움을 발휘하라. 사람들을 다스릴 때 챙겨야 할 점은 실수를 눈감아주는 것이다. 친한 친구들과 지인들, 특히 적에게 일어나는 일의 대부분을 못 본 체하는 법을 배워라. 지나치게 세심한 성향은 짜증을 유발한다. 이런 측면이 당신의 성격으로 완전히 자리 잡으면 사람들이 당신을 피곤하게 여길 것이다. 불쾌한 일 주변을 계속 맴도는 것은 일종의 강박증이다. 사람들은 대체로 자신의 마음과 능력에 따라서 행동한다는 점을 명심하라.

자신을 알라

자신의 재능, 능력, 판단력, 성향이 어떤지 알아야 한다. 자신을 알지 못하면 자신을 다스리지 못한다. 자기가 어떻게 생겼는지 알고 싶으면 거울을 보면 되지만, 마음을 비춰주는 거울은 없다. 그래서 자신을 조심스럽게 돌아보는 것으로 대체할 수밖에 없다. 외적인 이미지에 대한 걱정을 멈추고 내적인 이미지를 고치고 개선하려고 노력하라. 일을 현명하게 처리하려면 자신의 신중함과 통찰력이 어느 정도인지 파악해야 한다. 자신이 도전에 얼마나 잘 대응하는지 알아보라. 자신의 깊이를 헤아려보고 가진 자원을 살펴보라.

잘 사는 것이
장수의 비결이다

어리석음과 부도덕함 때문에 인생이 일찍 끝나버린다. 어떤 사람들은 목숨을 부지할 줄 몰라서 목숨을 잃고, 어떤 사람들은 살아갈 의지를 잃어서 목숨을 잃는다. 미덕이 그 자체로 보상이 듯이 악덕은 그 자체로 벌이다. 악덕으로 가득한 삶을 사는 사람은 죽음을 두 배로 일찍 맞는다. 반대로, 미덕으로 가득한 삶을 사는 사람은 절대로 죽지 않는다. 강한 정신력은 신체에 전달된다. 좋은 삶은 선한 영향력을 발휘하는 긴 삶이다.

신중한 처사라고 확신하기 전에는
절대 행동하지 말라

신중한 처사라고 확신하기 전에는 행동하지 말아야 한다. 일을 추진하는 사람이 실패할지도 모른다고 생각하면 그런 생각이 지켜보는 사람에게 고스란히 전해진다. 지켜보는 사람이 경쟁자라면 그런 생각을 더 쉽게 눈치챌 것이다. 만일 감정에 휘둘려서 판단력이 흐려졌다면 나중에 차분해졌을 때 그 일이 바보짓이었다는 생각이 들 것이다. 따라서 신중한 처사라는 생각이 들지 않을 때 행동에 나서는 것은 위험하다. 그럴 때는 아무것도 하지 않는 편이 더 안전하다. 신중한 사람은 확률을 따지지 않으며 언제나 이성이라는 태양이 머리 바로 위에 떠 있는 동안 걸어 다닌다. 생각이 떠올랐을 때부터 우리의 주의력이 그것을 비난하기 시작했다면 그 일이 어떻게 좋은 결과로 이어지겠는가? 아무도 반대하지 않은 채 내적인 검사를 통과한 결정도 실제로는 나쁜 결과로 이어질 때가 많다. 따라서 이성이 의문을 제기하고 판단력이 성급하다고 여긴 생각으로부터 무엇을 기대할 수 있겠는가?

어떤 상황에서든
탁월한 이성을 발휘하라

매사 탁월한 이성을 발휘하라. 이것이 언행에서 가장 중요한 규칙이다. 직책이 높고 대단할수록 이 규칙을 따를 필요성도 커진다. 아무리 똑똑해도 지혜롭지 않으면 아무런 소용이 없다. 이 규칙은 평범한 사람들의 박수를 받는 것보다 일을 확실하게 처리하는 것과 관련이 있다. 지혜롭다는 말을 듣는 것이야말로 명성에 관해 들을 수 있는 최고의 칭찬이다. 지혜로운 사람을 만족시킬 수 있다면 그것으로 충분하다. 그런 사람의 승인은 진정한 성공의 기준이 된다.

다재다능한
사람이 되어라

다재다능한 사람이 되어야 한다. 훌륭한 면이 많은 사람은 평범한 사람 여러 명만큼 가치가 있다. 이런 사람은 자신이 인생에서 느끼는 즐거움을 친구들에게도 전달해서 그들의 인생을 더 풍요롭게 해준다. 다양성과 완벽함은 삶에 기쁨을 불어넣는다. 좋은 것을 전부 즐길 줄 아는 건 뛰어난 기술이다. 자연이 가장 많이 발전한 생명체인 인간을 자연의 정수로 만들었으니 예술을 이용해서 우리의 취향과 지성을 훈련해야 한다. 그러면 인간의 내면에 진정한 소우주가 탄생할 것이다.

능력의 한계를
드러내지 말라

능력의 한계를 드러내지 말아야 한다. 신중한 사람으로서 다른 이들에게 존경받고 싶다면 자신의 지식과 용기의 한계를 아무도 모르게 해야 한다. 사람들이 당신을 알되 완전히 이해해서는 안 된다. 당신의 재능이 지닌 한계를 드러내지 않으면 그 누구도 당신에게 실망하지 않을 것이다. 당신의 재능이 아무리 뛰어나더라도 사람들이 그 재능의 한계를 정확하게 모를 때 존경을 더 많이 받을 수 있다. 사람들이 그 한계를 추측하거나 의심하게 놔둬라.

사람들이 계속
기대하게 하라

사람들이 계속 기대하게 만들어야 한다. 사람들의 기대감이 사그라지지 않게 신경 써야 한다. 풍성한 것이 더 많은 걸 약속하게 하고, 위대한 업적이 더 큰 업적에 대한 기대감을 불러일으키게 하라. 모든 운을 주사위 한 번에 걸어서는 안 된다. 사람들의 기대감이 사라지지 않도록 힘을 조절할 줄 알려면 뛰어난 기술이 필요하다.

사리 분별

사리 분별, 이것은 이성의 왕좌이자 신중함의 토대이다. 사리 분별만 잘해도 성공하기가 쉽다. 이것은 하늘이 내린 선물이며 여러 선물 중에서도 최고인 만큼 높이 평가받는다. 분별력은 우리를 보호해주는 갑옷과 같다. 너무 중요한 나머지 다른 모든 능력이 뛰어나도 분별력이 없으면 사람이 완벽해지지 못한다. 분별력이 떨어지면 눈에 크게 들어올 정도다. 인생의 모든 행동은 분별력을 어떻게 적용하느냐에 달렸다. 모든 일에 분별력이 필요하다. 지적 능력이 필요 없는 일이란 없기 때문이다. 분별력은 가장 합리적인 길을 선택하는 이성과 가장 확실한 길을 좋아하는 성향이 합쳐진 능력이다.

명성을 얻고,
그것을 잘 유지하라

명성을 얻어 유지하라. 명성은 사람들에게 소문이 나야 얻을
수 있지만 얻기가 쉽지 않다. 탁월한 능력자만 명성을 얻는데, 평
범한 사람이 흔한 데 반하여 이런 비범한 인물은 보기 드물기 때
문이다. 그 대신 한번 얻은 명성은 쉽게 유지할 수 있다. 명성을
얻으면 의무도 많이 생기지만 이득이 더 많다. 능력이 향상되거
나 고결한 행동을 해서 명성이 높아지면 사람들이 숭배하게 되
고 위엄이 생긴다. 하지만 근거 있는 명성만이 영원히 계속된다.

의도를 모호하게 드러내라

의도는 모호하게 드러내야 한다. 열정은 정신으로 향하는 문이며, 가장 실용적인 기술은 열정을 감추는 것이다. 자기 패를 다 보여주는 사람은 카드 게임에서 질 위험이 있다. 주의력과 자제력을 이용해서 다른 사람들의 호기심을 무찔러라. 상대방이 스라소니처럼 당신의 추론을 꿰뚫어 본다면 먹물을 뿜는 갑오징어처럼 생각을 숨겨야 한다. 아무도 당신의 의도를 알아차리지 못하게 하라. 아무도 당신의 의도를 예측해서 반박하거나 아첨하지 못하게 하라.

실체와 외형

사람들은 실체가 아니라 외형을 보고 판단한다. 본질을 파악하려는 사람은 드물고, 외형을 본 것으로 만족하는 사람이 많다. 따라서 당신이 겉으로 보기에 심술궂고 나빠 보인다면 내면이 바른 것만으로 충분하지 않다.

기만과 환상으로부터
자유로운 사람이 되어라

기만과 환상에 사로잡히지 말라. 도덕적이고 현명한 사람, 즉 정중한 철학자가 되어라. 겉으로만 그렇게 보이거나 자신의 덕을 과시해서는 안 된다. 철학은 더는 존경받지 못하지만 여전히 현명한 사람이 가장 추구하는 것이다. 사고의 기술은 예전의 명성을 전부 잃고 말았다. 이 기술은 세네카가 로마에 도입하고 한동안 귀족들이 받아들였다. 하지만 이제는 쓸모없고 성가신 것으로 전락해버렸다. 그래도 기만의 손아귀에서 벗어나는 일은 언제나 신중한 사람의 양식이며 덕 많은 사람의 진정한 즐거움이다.

세상의 절반이 나머지 절반을
비웃지만, 모두 다 바보다

세상의 절반이 나머지 절반을 비웃지만, 실상 모두 다 바보다. 어떻게 보느냐에 따라 모든 것이 좋을 수도, 나쁠 수도 있다. 누군가가 추구하는 것을 누군가는 멀리한다. 모든 것을 자신의 의견대로 평가하는 사람은 참을 수 없는 바보다. 완벽함은 한 사람만 만족시키는 것을 뜻하지 않는다. 사람의 취향이란 사람들의 얼굴만큼이나 그 수도 많고 다양하다. 결점도 누군가는 가치 있게 생각하며, 무엇이 몇몇 사람을 만족시키지 못한다고 해서 그것을 낮게 평가할 필요도 없다. 다른 사람들은 그걸 좋게 생각할 것이고, 그들의 박수를 누군가는 싫어할 것이다. 진정한 만족의 기준은 그 분야의 유명한 전문가들에게서 인정받는 것이다. 단하나의 의견이나 관습 또는 한 세기에 맞춰서 살아서는 안 된다.

커다란 행운을
소화할 수 있어야 한다

커다란 행운을 소화하라. 지혜라는 몸에서 중요한 장기는 커다란 위다. 소화 능력이 뛰어나려면 위가 커야 하기 때문이다. 커다란 행운이 찾아와도 더 큰 행운을 소화할 수 있는 사람은 당황하지 않는다. 한 사람에게는 너무 많은 행운도 다른 사람에게는 너무 적을 수 있다. 소화 능력이 떨어지는 바람에 훌륭한 요리를 낭비하는 사람들이 있다. 이런 사람들은 높은 직책을 위해서 태어나지도 않았고 그런 직책이 익숙하지도 않다. 그래서 다른 사람들과의 사이가 틀어지고 잘못된 명예 인식 때문에 혼란스러워하다가 이성을 잃고 만다. 이런 사람들은 높은 직책에 올라가면 현기증을 느끼면서 우왕좌왕한다. 그들의 내면에 행운을 위한 자리가 없기 때문이다. 위대한 사람이라면 마음속에 더 나은 것을 받아들일 공간이 있음을 보여줘야 한다. 그리고 소심한 면이 탄로 날 수 있는 상황은 전부 조심스럽게 피해야 한다.

자기에게 어울리는
위엄을 갖춰라

자신에게 걸맞은 위엄을 갖춰야 한다. 모두가 왕은 아니다. 그래도 자기가 속한 계층과 상황의 범위 안에서 왕처럼 행동해야 한다. 숭고한 행동과 고결한 생각을 동원해서 왕에게 걸맞은 방식으로 일을 처리하라. 왕보다 권력은 더 적더라도 왕처럼 공로를 많이 세우는 것이 좋다. 참된 왕권은 고결함에서 비롯되기 때문이다. 당신 스스로 위대함의 기준이 될 수 있다면 굳이 다른 사람의 위대함을 선망하지 않을 것이다. 특히 왕좌에 가까이 있는 사람들은 진정한 우월성을 목표로 삼아야 한다. 화려한 의식에 참석하기보다는 왕족다운 자질을 공유하는 것을 선호하고, 불완전한 허영심보다는 고결하고 실속 있는 것을 갈망해야 한다.

각각의 일에서
무엇이 요구되는지 파악하라

각각의 일에서 무엇이 요구되는지 파악해야 한다. 세상에는 다양한 직업이 있다. 그 다양성을 이해하려면 지식과 안목이 있어야 한다. 어떤 직업은 용기가 필요하고, 어떤 직업은 교묘한 수완이 필요하다. 정직한 태도에 의존하는 일이 가장 쉽고, 술책이 필요한 일이 가장 어렵다. 전자는 타고난 성격만 있으면 되지만, 후자는 최선을 다해서 주의를 기울이고 열성적으로 일해도 충분하지 않을지 모른다. 사람을 다스리는 일은 골치 아프며, 어리석은 사람이나 미친 사람을 다스리기는 더 어렵다. 지적 능력이 떨어지는 사람들을 상대하려면 두 배로 똑똑해야 한다. 고정된 근무 시간과 정해진 루틴으로 사람을 옭아매는 직업은 견디기 어렵다. 그보다는 자기가 알아서 일하고 일의 중요도에 따라서 할일이 다양해지는 직업이 훨씬 낫다. 변화는 정신에 새로운 활력을 불어넣기 때문이다. 가장 존경받는 직업은 다른 사람들에게 가장 덜 의존하는 직업이다. 반대로, 최악의 직업은 현재뿐만 아니라 미래에도 진땀이 나는 직업이다.

지루한 사람이 되지 말라

지루한 사람이 되어서는 안 된다. 한 가지 주제에만 매달리지 말고, 하나에만 집착하지 말라. 간결한 것은 유쾌하다. 간결하면 그 대상이 돋보이며 일의 효과도 더 좋다. 짧은 대신 더 예의 있어 보이기 때문이다. 좋은 것이 짧으면 두 배로 좋다. 나쁜 것도 짧으면 그렇게 나쁘지는 않다. 정수만 다룬 것이 세부 사항이 뒤죽박죽인 것보다 더 효과적이다. 말이 많은 사람이 문제를 처리할 때 분별력이 떨어지는 일이 많다는 것은 잘 알려진 사실이다. 어떤 사람들은 세상을 장식하기보다 방해하는 것에 더 능하다. 모두가 멀리하는 쓸모없는 사람들이다. 현명한 사람은 지루한 인물이 되지 않으려고 노력한다. 특히 많이 바쁜 위대한 사람들을 피곤하게 해서는 안 된다. 세상의 다른 모든 사람보다 위대한 사람 한 명을 못살게 구는 것이 더 나쁘다. 그들 앞에서는 말을 빨리하는 게 말을 잘하는 것이다.

행운을 과시하지 말라

행운을 과시해서는 안 된다. 개인적인 매력을 과시하는 것보다 높은 직책을 과시하는 것이 더 모욕적이다. 스스로 '위대한 사람'인 척하면 끔찍해 보인다. 질투의 대상이 된 것을 자랑스러워하지 말라. 사람들의 존경을 받으려고 애쓸수록 실제로 존경받기란 어려울 것이다. 존경은 다른 사람들의 의견에 달린 일이기 때문이다. 존경심은 직접 차지할 수 있는 것이 아니라 노력으로 얻어내고 다른 사람들에게서 받아야 한다. 중요한 직책에는 어느 정도의 엄숙함과 점잖음이 요구된다. 따라서 그 일을 하는 데 필요한 만큼의 위엄을 갖춰야 한다. 존경심을 강요하지 말고 자연스럽게 끌어내려 노력하라. 열심히 일하는 것처럼 보이고 싶은 사람은 그 일을 할 자질이 부족하다는 인상을 준다. 성공하고 싶다면 외적 요소가 아니라 당신의 재능을 이용하라. 왕조차도 화려한 모습과 신분보다 개인적 자질로 존경받아야 한다.

자기만족에 빠진 것처럼
보이지 말라

자기만족에 빠진 것처럼 보여서는 안 된다. 소심하게 자신한테 불만을 느끼면서 살지 말라. 그렇다고 하여 너무 만족해하며 살아서도 안 된다. 그것은 바보 같은 짓이다. 자기만족은 주로 무지에서 비롯되며 어리석은 행복으로 이어진다. 이런 상태에서는 마음은 즐겁지만 평판이 낮아진다. 다른 사람들처럼 뛰어나게 완벽할 수 없어서 자신의 평범한 능력에 만족하게 되는 것이다. 조심하는 태도는 언제나 도움이 된다. 그 덕택에 일이 잘 풀릴 수도 있고, 설령 일이 잘 안 풀리더라도 스스로 위로받을 수 있기 때문이다. 일에 차질이 생기더라도 그런 일이 일어날까 봐 미리 걱정했다면 놀라지 않을 것이다. 호메로스도 책을 쓰다가 실수할 때가 있었고, 알렉산드로스 대왕도 중요한 입지와 환상으로부터 추락하고 말았다. 모든 일은 상황에 따라 달라진다. 어떤 상황에서는 승리라고 여겨지는 것도 다른 상황에서는 패배로 여겨질 수 있다. 하지만 구제 불능인 바보에게는 알맹이 없는 만족감이 꽃처럼 피어나서 씨를 계속 뿌려댄다.

진실한 사람이
되는 지름길

진실한 사람이 되고자 한다면, 적합한 사람들을 곁에 두면 된다. 누구와 함께하느냐에 따라서 기적이 일어날 수도 있다. 남의 습관, 취향, 심지어 지적 능력도 우리가 모르는 사이에 우리에게 전달된다. 일을 빠르게 추진하는 이가 자주 머뭇거리는 사람과 친하게 지내면 따로 노력하지 않아도 중도를 걷게 된다. 다른 사람들에게 동의할 줄 아는 것은 훌륭한 기술이다. 성격이 정반대인 사람들이 어울려서 세상이 아름다워지고 유지되는 것이다. 이런 점은 자연에서보다 사람들 사이에서 더 멋진 조화를 이루어낸다. 따라서 친구와 직원을 고를 때 이런 방법을 써보라. 극과 극인 사람들이 만나서 안정적으로 중도를 걷게 될 것이다.

109

남을 질책하지 말라

질책을 지양하라. 모든 것이 잘못됐다고 생각하는 음울한 사람들이 있다. 악의가 있어서가 아니라 그냥 천성이 그런 것이다. 이런 사람들은 모두를 경멸한다. 이미 한 일 때문이든 앞으로 할 일 때문이든 다른 사람들을 전부 비난한다. 잔인한 것을 넘어서서 야비한 사람들이다. 이런 사람들은 남을 너무 심하게 비난해서 남의 눈을 찌르려고 티끌이라도 모아 막대기를 만들 것만 같다. 이런 사람들은 천국도 지옥으로 만들어버리는 엄격한 감독관이다. 흥분에 사로잡히면 모든 것을 극단으로 몰아가기도 한다. 반대로, 천성이 온화한 사람은 무엇이든지 용서할 수 있다. 잘못을 저지른 사람들이 의도는 선했다고 생각하거나 자기도 모르는 사이에 일이 잘못됐으리라고 생각하는 식이다.

해가 질 때까지
기다리지 말라

해가 질 때까지 기다려선 안 된다. 신중한 사람은 일이 떠나기 전에 먼저 일을 떠난다. 사람들이 손뼉 칠 때 떠나는 것이다. 해는 가끔 구름 뒤로 숨어서 아무도 해가 지는 것을 보지 못하게 한다. 그러면 해가 아직 떠 있는지 이미 졌는지 알기가 어렵다. 불운이 몰려오지 않게 지는 해가 될 때까지 기다리지 말라. 사람들이 당신에게 등을 돌릴 때까지 기다렸다가는 매장당할 것이다. 뒤늦게 명성을 잃고 후회하지 말라. 신중한 사람은 경주마를 언제 은퇴시켜야 하는지 안다. 말이 경주하다가 쓰러져서 모두의 비웃음을 살 때까지 기다리지 않는다. 마찬가지로, 미인은 적당한 때에 거울을 깨뜨린다. 거울 속에 담긴 진실을 감당하지 못할 때까지 기다리지 않는다.

친구를 만들어라

친구를 사귀어라. 친구는 분신 같은 존재다. 친구에게는 모든 친구가 선하고 현명하다. 친구들과 있으면 일이 전부 잘 풀린다. 우리는 다른 사람들이 원하는 만큼, 그리고 이야기하는 만큼의 가치가 있다. 사람들이 좋게 말해주길 바란다면 그들의 마음을 얻어야 한다. 호의만큼 강력한 마법도 없으며, 친구를 사귀는 최고의 방법은 이미 친구인 듯 행동하는 것이다. 최고의 사람들은 대체로 다른 이들에게 의지한다. 우리는 친구들 사이에서 살거나 적 사이에서 살아야 한다. 그러니까 친구를 찾지는 못하더라도 당신이 잘되기를 빌어주는 사람들을 찾아라. 그중 몇 명은 시행착오를 거치면서 조금씩 친해질 것이다.

다른 사람들의
호의를 얻어라

사람들의 호의를 얻어라. 신도 가장 중요한 문제를 다룰 때 이런 식으로 일한다. 명성은 애정으로 얻을 수 있다. 어떤 사람들은 자신의 가치를 너무 믿는 나머지 은혜를 가볍게 여긴다. 하지만 신중한 이는 자신의 공로에 다른 사람의 호의가 더해지면 일을 훨씬 빨리 처리할 수 있다는 것을 안다. 호의는 모든 것을 더 쉽게 해주고 부족한 게 무엇이든 보완해준다. 용기, 고결함, 지혜, 신중함 중에서 무엇이 부족하든 마찬가지다. 호의를 베푸는 사람의 눈에 결점은 보이지 않는다. 결점을 굳이 찾지 않기 때문이다. 호의는 주로 기질, 인종, 가족, 국가, 직업의 유사성에서 비롯된다. 정신적인 영역에서는 대체로 재능, 의무, 명성, 공로가 호의로 이어진다. 호의를 얻기는 어렵지만, 일단 얻으면 쉽게 유지할 수 있다. 호의를 얻으려고 노력해야 할뿐더러 그것을 어떻게 이용할지도 알아야 한다.

행운이 따를 때
불운에 대비하라

행운이 따를 때 불운에 대비해야 한다. 여름에 겨울을 대비하는 일이 더 쉽고 현명하다. 잘나갈 때는 친구도 많고 호의를 얻기도 쉽다. 운 나쁜 날을 위해서 인맥관리를 잘하는 것이 중요하다. 역경이 찾아오면 대가도 크고 도와줄 사람도 없어진다. 그러니까 평소에 친구들 그리고 당신에게 고마워하는 사람들과 좋은 관계를 유지하라. 그들의 몸값이 높아지는 날이 올지도 모른다. 비열한 사람들은 언제든 친구가 없다. 잘나갈 때는 친구들을 친구로 인정해주지 않고, 불행이 찾아올 때는 친구들이 그를 친구로 인정해주지 않기 때문이다.

절대로 경쟁하지 말라

경쟁을 피하라. 적수와 겨루면 평판이 나빠질 것이다. 경쟁자가 곧바로 당신의 결점을 찾아내고 신용을 떨어뜨리려고 애쓸 것이기 때문이다. 정정당당하게 겨루는 경쟁자는 별로 없다. 경쟁심이 발동하면 예의를 차릴 때는 보지 못했던 상대방의 결점이 눈에 띈다. 경쟁자가 생기기 전까지는 평판이 좋았던 사람이 많다. 경쟁이 과열되면 잊혔던 오명이 되살아나고 오랫동안 묻혀 있었던 비밀이 밝혀진다. 경쟁은 서로의 결점을 폭로하면서 시작되며, 경쟁자들은 써도 되는 것이든 아니든 신경 쓰지 않고 모든 것을 자신한테 유리하게 이용한다. 다른 사람들을 모욕해봤자 경쟁자들이 얻는 게 없을 때가 많다. 복수가 안겨주는 비열한 만족감만 느낄 뿐이다. 복수심에 불타는 이는 다른 사람들의 결점을 덮고 있던 먼지를 불어서 없애버린다. 반대로, 호의적인 사람은 언제나 평화롭다. 평판이 좋고 위엄 있는 이가 호의적인 사람이다.

가족, 친구, 지인의
결점에 익숙해져라

못난 얼굴에 익숙해지듯이 가족, 친구, 지인의 결점에 익숙해
져라. 그들에게 의지해야 하거나 그들이 당신에게 의지해야 한다
면 그들을 다루기 편리한 방법을 찾아라. 같이 살기도 어렵고 없
이 살기도 어려운, 성미가 고약한 사람들이 있다. 못생긴 얼굴에
익숙해지듯이 이런 사람들에게 익숙해지려면 기술이 필요하다.
그래야 끔찍한 상황에서도 놀라지 않을 것이다. 처음에는 이런
사람들 때문에 겁이 나지만, 그들은 점차 영향력을 잃을 것이다.
충분히 생각하고 조심하면 불쾌한 일이 일어날 것을 예상하거나
그런 일을 감당하는 방법을 깨닫게 된다.

원칙을 지키는
사람들만 상대하라

원칙을 지키는 사람들과 교제하라. 그들에게 호의를 베풀고, 그들의 호의도 얻어라. 원칙을 지키는 사람들은 정직하기 때문에 당신의 의견에 반대하더라도 공정하게 대해줄 것이다. 그런 사람들은 자신의 성품에 맞게 행동한다. 따라서 나쁜 사람들과 싸워서 이기는 것보다 좋은 사람들과 대적하는 것이 낫다. 비열한 사람과는 잘 지낼 방법이 없다. 그런 사람은 올바르게 행동해야 한다는 의무감을 전혀 느끼지 못하기 때문이다. 이것이 바로 나쁜 사람들 사이에 진정한 우정이 존재하지 않는 이유다. 그들의 번지르르한 말은 명예에서 비롯된 것이 아니라서 함부로 믿어서는 안 된다. 명예를 중시하지 않는 사람은 피해 다녀라. 그런 사람은 덕의 가치도 알지 못한다. 명예는 고결한 성품의 가장 중요한 요소다.

자신에 관하여
이야기하지 말라

자신에 관한 이야기는 삼가라. 자신을 칭찬하면 허영심이 많은 것이고, 자신을 비난하면 패기가 없는 것이다. 판단력이 부족한 티가 나면 다른 사람들에게 골칫거리가 된다. 이런 점은 친구들 사이에서도 중요하지만 직책이 높은 사람들에게는 더 중요하다. 높은 직책에 있으면 대중 앞에서 말할 기회가 많고 허영심이 조금이라도 드러나면 어리석다고 여겨지기 때문이다. 그렇다고 하여 같이 있는 사람에 관해서 이야기하는 것도 신중한 태도는 아니다. 그 사람에게 아첨하거나 독설하는 것처럼 보일 위험이 있다.

예의 바른 사람으로
알려져라

예의 바른 사람이라는 평판을 얻어라. 그것만으로도 칭찬받을 가치가 있다. 예의는 문화의 가장 좋은 측면이며 마법과 같은 힘이 있다. 예의를 갖추면 모두의 호의를 얻을 수 있지만, 무례하게 굴면 멸시당하고 사람들의 짜증만 부른다. 무례한 태도가 자만심에서 비롯되면 혐오스럽고 가정교육을 못 받은 데서 비롯되면 멸시당한다. 예의가 너무 없는 것보다 너무 많은 게 낫다. 모두에게 똑같이 예의를 차려서도 안 된다. 그러면 부당한 일이 벌어질 것이다. 적에게도 예의를 갖추면 그런 행동의 진가를 알게 될 것이다. 예의가 바르면 노력은 적게 들면서 얻는 것은 많아진다. 남을 존중하는 사람은 남에게도 존중받는다. 공손함과 명예의 장점은 남을 공손하게 예우해주면 남들도 우리를 그렇게 대해준다는 것이다.

미움의 대상이 되지 말라

미움을 사지 말라. 사람들의 반감을 애써 불러일으킬 필요는 없다. 굳이 그러지 않아도 반감을 사게 될 때가 온다. 아무 이유도 없이 남을 미워하는 사람이 많다. 그 사람을 어떻게, 왜 싫어하게 됐는지도 모르면서 말이다. 악의는 남을 즐겁게 해주려는 욕구보다 훨씬 빨리 전달된다. 복수하려는 열망이 물질에 대한 갈망보다 당신을 더 빠르고 확실하게 해칠 것이다. 어떤 사람들은 모두에게서 미움을 받으려고 한다. 남들을 짜증 나게 만들고 싶거나 자기가 짜증이 나기 때문이다. 그런 사람들이 증오에 사로잡히면 나쁜 평판을 없애는 것만큼이나 증오심을 없애기 어려워진다. 그런 이들에게 현명한 사람은 두려움을 불러일으키고, 악의가 있는 사람은 혐오의 대상이 된다. 그들은 거만한 사람을 무시하고, 웃기려고 드는 어리석은 사람을 경멸하기도 한다. 하지만 남다르게 탁월한 사람은 건드리지 않는다. 존경받고 싶으면 다른 사람들을 존경하라. 그리고 성공으로 보상받고 싶으면 다른 사람들에게 관심을 보여라.

실리를 챙겨라

실리를 챙길 줄 알라. 지식조차도 시대의 흐름을 반영해야 한다. 당신이 알고 있는 지식이 유행에 뒤처졌을 때는 모르는 척하는 것이 좋다. 시대에 따라서 사람들의 생각과 취향도 달라진다. 낡은 사고방식에서 벗어나 취향을 현대적으로 바꿔라. 모든 일에서 결정권은 다수의 취향에 달렸다. 따라서 필요할 때는 다수의 취향을 따르며 그 취향이 더 원대한 일로 이어지도록 힘써라. 현명한 사람이라면 과거가 더 매력적으로 보이더라도 몸과 마음을 현재에 적응시켜야 한다. 하지만 이 규칙이 친절에는 적용되지 않는다. 선은 언제나 행해야 하기 때문이다. 요즈음에는 진실을 말하는 것이나 약속을 지키는 것과 같은 일이 구식처럼 여겨진다. 좋은 사람은 좋았던 옛 시절에 속하는 것 같지만 시대와 상관없이 언제나 사랑받는다. 좋은 사람은 아직 남아 있더라도 보기 드물며 모방할 수 없는 존재다. 선한 사람이 드물고 악한 사람이 흔한 시대라니 이 얼마나 슬픈 일인가. 현명한 사람이라면 원하는 대로 살지는 못하더라도 할 수 있는 범위 내에서 최선을 다해 살아야 한다. 운명이 거부한 것보다 허락한 것을 더 가치 있게 여겨라.

121

일을 크게 키우지 말라

아무것도 아닌 일을 크게 키우지 말라. 아무것도 신경 쓰지 않는 사람들도 있지만, 모든 것을 신경 쓰는 사람들도 있다. 이런 사람들은 항상 허풍을 치고, 모든 일을 너무 진지하게 생각하며, 무엇이든 논쟁거리나 미스터리로 만들어버린다. 성가신 일 중에서 신경 써야 할 만큼 중요한 것은 별로 없다. 등을 돌려야 할 일에 신경을 많이 쓰는 것은 미친 짓이다. 골칫거리도 그냥 두면 별것 아닌 게 되고, 별것 아니었던 일도 신경 쓰면 문젯거리가 된다. 처음에는 문제를 해결하기가 쉽지만 나중에는 그렇지 않으며, 약이 오히려 병을 부를 때도 있다. 긁어 부스럼 만들지 말라는 말이 괜히 있는 것이 아니다.

말과 행동을
능숙하게 하라

능숙하게 말하고 행동하라. 그러면 모든 곳에 길이 열리고 사람들의 존경심을 금방 얻을 것이다. 이런 능력은 모든 것에 영향을 미친다. 대화, 외모, 걸음걸이에도 영향을 끼칠 정도다. 다른 사람들의 마음을 얻는 것은 커다란 승리다. 이런 종류의 권위는 어리석은 뻔뻔함이나 잘난 척하는 말에서 비롯되지 않고 남다른 재능과 진정한 실력에서 비롯된다.

으스대지 말라

재능이 많은 사람일수록 겉치레가 적다. 으스대는 버릇은 저속한 결점이다. 다른 사람들의 짜증을 유발하고 본인에게도 부담으로 작용한다. 이런 버릇이 잘못 들면 걱정이 많아진다. 체면을 차리려고 계속 있는 척하는 것도 괴로운 일이다. 재능이 뛰어난 사람도 으스대면 그 재능의 가치가 떨어지는 것처럼 보인다. 사람들이 그런 이의 재능을 타고난 우아함보다는 자만심과 인위적인 기교와 연관 짓기 때문이다. 자연적인 것이 인위적인 것보다 언제나 더 마음에 드는 법이다. 재능이 많은 척 뽐내는 사람은 재능이 오히려 적어 보인다. 무엇을 잘할수록 거기에 들어가는 노력을 더 숨겨야 한다. 그래야 완벽함이 자연적으로 우러나오는 것처럼 보인다. 또한 으스대지 않는 성격이라고 으스대지도 말라. 현명한 사람은 자신의 장점을 절대로 떠벌리지 않는다. 스스로 장점을 알아차리지 못할 때만 다른 사람들이 장점에 관심을 보이게 마련이다. 자신의 완벽함에 신경 쓰지 않는 훌륭한 사람은 두 배로 훌륭하다. 자신만의 독특한 길을 걸어서 사람들의 박수를 받는 것이다.

사람들이 찾는
인물이 되어라

사람들이 찾는 인물이 되어야 한다. 세인의 인기를 얻는 사람
은 많지 않다. 만일 현명한 사람의 호감을 산다면 운이 좋은 것
이다. 사람들은 대체로 경력이 끝나가는 이들에게 미온적인 반
응을 보이게 마련이다. 그럼에도 사람들의 호감을 계속 얻는 방
법이 있다. 자기 일과 능력에서 두드러진 모습을 보여주면 된다.
예의 바른 태도도 효과가 좋다. 당신이 하는 일에 꼭 필요한 사람
이 되어라. 당신에게 그 일이 필요한 것보다 낫다. 어떤 사람들은
자신의 직위를 명예롭게 하고, 어떤 사람들은 직위가 그들을 명
예롭게 한다. 당신의 뒤를 잇는 사람이 실력이 부족해서 당신이
빛나 보이는 것은 의미가 없다. 다른 사람이 반감을 산다고 해서
사람들이 당신을 찾는다는 뜻은 아니다.

다른 사람들의 결점을
일일이 기억하지 말라

다른 사람들의 결점을 들추지 말라. 다른 사람들의 오명에 관심을 보이는 것은 자신의 평판이 나쁘다는 걸 증명하는 꼴이다. 어떤 사람들은 자신의 결점을 다른 이들의 결점으로 감추거나 정화하려고 한다. 남의 결점을 위안으로 삼기도 한다. 그런 사람들은 입에서 악취가 나며 동네에 추잡한 소문을 퍼뜨리고 다닌다. 이런 문제에서는 남의 결점을 가장 깊이 파고드는 사람이 오명을 가장 많이 뒤집어쓴다. 결점이 없는 사람은 거의 없으며, 유명하지 않은 사람은 결점도 별로 알려지지 않는다. 신중한 사람은 다른 이들의 결점을 인식하지 않으며 살아 있는 악랄한 블랙리스트가 되지도 않는다.

현명한 사람은
자기 잘못을 감출 줄 안다

어리석은 행동을 하는 사람이 어리석은 게 아니라 그것을 감출 줄 모르는 사람이 어리석다. 욕구도 감춰야 하지만 결점은 더더욱 감춰야 한다. 누구나 실수를 저지르기는 해도 사람에 따라 실수를 다루는 방법에 차이가 있다. 현명한 사람은 실수를 감추려 하고, 어리석은 사람은 실수를 자랑한다. 명성은 '어떤 공로를 세웠느냐'보다 '어떤 실수를 잘 숨겼느냐'에 달린 경우가 더 많다. 순수할 수 없다면 조심하는 것이 좋다. 위대한 사람의 실수는 일식이나 월식처럼 지켜보는 사람이 많다. 되도록 친구들은 물론 자신에게도 결점을 숨겨야 한다. 여기에 중요한 삶의 규칙이 또 하나 적용된다. 잊고 지내는 법을 배워라.

127

모든 일을 우아하게 하라

모든 일을 우아하게 할 줄 알라. 우아함은 재능에 생명을, 말에 숨결을, 행동에 영혼을 불어넣는다. 가장 뛰어난 재능을 끌어내기도 한다. 다른 자질은 우리의 본성을 돋보이게 하지만, 우아함은 그 자체로 돋보인다. 우아함은 생각에서도 드러난다. 우아한 태도는 대부분 타고나며 교육의 영향은 크지 않다. 따라서 타고난 우아함이 훈련된 우아함을 능가한다. 우아함은 느긋함을 넘어서서 자유롭고 편안한 경지에 가까워진 상태다. 우아한 사람은 자신감이 커지고 여러 좋은 자질을 갖추게 된다. 우아함 없는 아름다움은 죽은 것이나 마찬가지며, 우아함 없는 품위는 치욕과 같다. 우아함은 용기, 분별, 신중함, 웅장함을 초월한다. 우아한 태도는 일을 해내는 가장 빠른 방법이자 어떤 어려움에서도 벗어날 수 있는 세련된 방법이다.

고결한 사람이 되어라

고결함, 이것은 영웅이 갖춰야 할 필수적인 자질 중 하나다. 고결한 성품은 온갖 유형의 위대한 면모를 끌어내기 때문이다. 고결한 사람은 안목이 높아지고, 가슴이 벅차오르고, 정신적으로 성숙해진다. 감정이 정제되고 위엄이 높아지기도 한다. 고결한 사람은 어디서든 눈에 띈다. 운명이 시기해서 고결함을 빼앗으려고 할 때도 있지만, 고결한 사람은 오히려 더 뛰어난 인물이 되고 싶어 한다. 상황이 어려울 때도 의지를 불태우는 것이다. 관대함이나 너그러움과 같은 영웅적 자질은 전부 고결함에서 비롯된다.

절대로 불평하지 말라

불평을 멀리하라. 불평하면 신용이 떨어지게 마련이다. 불평은 동정심과 위로보다는 흥분과 무례함을 부른다. 우리의 불평을 듣는 사람들이 우리가 불평하는 사람들처럼 행동하도록 부추기기도 한다. 과거에 겪은 부당한 일에 대해 불평을 늘어놓으면 부당한 일이 또 일어나는 계기가 될 수 있다. 불평하는 사람은 위로 혹은 도움을 받으려고 하지만, 불평을 듣는 사람은 무관심한 태도를 보이거나 그 사람을 경멸한다. 다른 사람들이 당신에게 보여준 호의를 칭찬하는 편이 낫다. 그러면 호의를 더 많이 얻어낼 것이다. 그 자리에 없는 이들이 당신에게 호의를 베풀었다는 이야기를 들려줘서 듣는 사람들도 똑같이 행동할 의무를 느끼게 하라. 한쪽에서 쌓은 좋은 평판을 다른 쪽에 팔아라. 신중한 사람은 자신의 실패나 결점을 절대로 알려서는 안 된다. 다른 사람들이 자신에게 보여준 존경심만 알려야 한다. 그러면 친구를 얻고 적의 절반을 포섭할 수 있을 것이다.

행동하고
그것을 드러내라

행동하라. 그리고 행동하는 모습을 드러내라. 모든 일은 실제로 어떤지보다 어떻게 보이는지에 따라 평가된다. 실력이 뛰어나고 그것을 보여줄 줄도 아는 사람은 두 배로 뛰어나다. 눈에 보이지 않는 것은 존재하지 않는 거나 마찬가지다. 옳은 것도 옳아 보이지 않으면 제대로 존중받지 못한다. 안타깝게도 관찰력이 뛰어난 사람의 수가 겉만 보고 속아 넘어가는 사람의 수보다 훨씬 적다. 기만이 판을 치고 있으며, 모든 것이 겉모습으로 판단된다. 그러다 보니 보이는 것과 실제 상태가 다른 게 많다. 따라서 내면의 완벽함을 돋보이게 하려면 훌륭한 외양도 필요하다.

131

고상한 정신

정신이 남다른 사람들이 있다. 정신적으로 활기차고도 대담해서 마음이 빛나 보이는 사람들이다. 고상해지려면 관대함이 필요한데, 모두가 고상할 수 있는 것은 아니다. 고상한 사람은 항상 적에 대해서 좋게 말하고 행동은 말보다도 더 좋게 한다. 적에게 복수할 기회가 왔을 때 고상한 정신이 가장 밝게 빛난다. 고상한 사람은 이런 상황을 피하지 않고 자신한테 유리하게 이용한다. 복수하는 대신 예상치 못하게 아량을 베푸는 것이다. 고상한 정신은 정치적 수완을 돋보이게 해줘서 다른 사람들을 다스릴 때도 유용하다. 고상한 사람은 성공을 자랑하지 않으며 공로를 세웠더라도 그것을 감출 줄 안다.

다시 생각해보라

한 번 더 생각하라. 일을 두 번 살펴보는 것이 안전하다. 특히 확신에 찬 상태가 아니라면 더 그렇다. 시간을 들여서 꼼꼼하게 확인하거나 상황을 개선하라. 그러면 당신의 판단을 굳히고 뒷받침할 새로운 방법을 찾을 것이다. 선물을 줄 때도 빨리 주는 것보다 잘 생각해보고 주는 것이 더 가치 있다. 오랫동안 원했던 것이 항상 더 큰 기쁨으로 다가온다. 무엇을 거절할 때는 태도에 신경을 많이 쓰는 것이 좋다. 거절의 말이 상대방에게 너무 씁쓸하게 다가오지 않도록 시간을 들여서 거절하는 방법과 시기를 정하라. 대다수는 처음의 강렬한 흥분이 가라앉으면 거절을 받아들이기가 더 쉬워질 것이다. 누군가가 일찍 물어보면 대답을 늦게 들려줘라. 그러면 그 사람의 관심을 붙잡아둘 수 있다.

혼자 제정신인 것보다
다른 사람들처럼 미친 게 낫다

혼자 제정신인 것보다 다른 사람들처럼 미친 게 낫다. 정치인들은 그렇게 말한다. 모두가 미쳤다면 당신도 다른 사람들과 똑같은 취급을 받겠지만, 혼자 제정신이라면 미치광이 취급을 받을 것이다. 대세를 따르는 것이 중요하다. 때로는 최고의 앎이 알지 못하거나 모르는 척하는 것이다. 다른 사람들과 더불어 살아야 하며 그중 다수가 무지하다는 사실을 잊지 말라. '완전히 혼자서 살아가려면 신이나 사나운 짐승 같아야 한다'라는 말이 있다. 하지만 나는 이 말을 바꿔서 이렇게 말하고 싶다.

'다수와 함께 현명한 것이 혼자서 어리석은 것보다 낫다.'

존재하지도 않는 신화 속 괴물을 혼자서 찾으려는 사람들도 있다.

삶에 꼭 필요한 자원을
두 배로 늘려라

삶에 꼭 필요한 자원을 두 배 늘리면 삶이 두 배로 풍성해질
것이다. 아무리 희귀하고 훌륭하더라도 한 가지 자원에만 의지
해서는 안 된다. 모든 것을 두 배로 늘려라. 특히 성공, 호의, 존경
심을 끌어낼 만한 자원은 반드시 두 배로 늘려야 한다. 달조차도
잘 변하며 영구적인 것에 한계를 부여한다. 연약한 인간의 의지
에 달린 일은 달보다 더 쉽게 변한다. 따라서 시시각각 달라질 수
있는 상황에 대비해서 자원을 비축하라. 당신에게 행복과 이익을
안겨주는 자원을 두 배로 늘리는 것은 훌륭한 삶의 규칙이다. 자
연이 우리에게 가장 중요하고 위험에 가장 많이 노출된 팔다리
를 두 개씩 줬듯이 우리가 의지하는 자원도 두 배로 늘려서 보유
해야 한다.

말끝마다 반박하는
습관을 버려라

말끝마다 반박하는 습관이 있으면 어리석어지고 짜증만 난다. 따라서 반박하기 전에 신중한 태도로 접근하는 것이 좋다. 모든 것에서 반박할 거리를 찾으면 똑똑해 보일지도 모른다. 하지만 고집 센 사람은 대부분 어리석다. 어떤 사람들은 달콤한 대화도 언쟁으로 바꿔버린다. 남보다 친구와 지인들에게 더 적대적인 태도를 보이기도 한다. 첫말이 달콤할수록 그 뒤에 찾아오는 언쟁이 더 씁쓸하게 느껴지며, 반박이 행복한 순간을 망칠 때도 많다. 이미 불쾌한 대화에 고약한 말까지 얹는 사람은 손쓸 수 없는 바보다.

사태를 정확하게
파악하라

사건의 맥을 짚어라. 숲은 보지 못하고 나무만 보거나 헛다리
를 짚는 사람이 많다. 문제의 핵심을 파고들지 못한 채 말만 끝없
이 늘어놓고 쓸데없는 추론만 하는 것이다. 이런 사람들은 부질
없는 이야기만 반복하면서 중요한 사항은 다루지 못한다. 그래서
자기도 피곤해지고 남들도 피곤해진다. 이런 일은 잔가지를 쳐낼
줄 모르는 혼란스러운 사람들에게 일어난다. 그들은 놔두는 것
이 좋았을 일에 시간과 인내심을 낭비한다. 그러다가 정작 신경
써야 할 일에 쓸 시간이 부족해진다.

현명한 사람은
자신에게 만족한다

현명한 사람은 자기 자신에게 만족한다. 자신을 감당할 줄 아는 사람은 자신의 소유물을 모두 들고 다니는 것이나 마찬가지다. 완전한 친구가 우리에게 로마뿐만 아니라 나머지 세상도 대표할 수 있다고 치면 자신에게 그런 친구가 되어라. 그러면 혼자서도 살 수 있을 것이다. 당신보다 안목이나 이해력이 뛰어난 사람이 없다면 다른 사람이 왜 필요하겠는가? 이럴 때는 자신에게 의지하면 된다. 최고의 행복은 최고의 존재를 닮는 것이다. 혼자 살 수 있는 사람은 결코 짐승이 아니다. 이런 인물은 여러 면에서 현명한 사람이며 모든 면에서 신이다.

그냥 가만히 두어라

공사의 구분 없이 파도가 거칠수록 일에 함부로 손대지 말라. 인간사에는 열정의 폭풍이 휘몰아칠 때가 있다. 그럴 때는 항구로 피신해서 폭풍이 잦아들기를 기다려야 한다. 일을 해결하려다 오히려 일을 키우게 될 때가 많기 때문이다. 일을 그냥 자연스러운 흐름과 도덕률에 맡겨라. 현명한 의사는 약을 처방하지 말아야 할 때를 안다. 때로는 아무런 치료도 하지 않는 것이 훌륭한 의술이다. 저속한 폭풍이 잦아들게 하는 올바른 방법은 손 놓고 있으면서 상황이 자연히 진정되기를 지켜보는 것이다. 지금 시간 앞에 고개를 숙이면 나중에 일을 정복할 수 있을 것이다. 개울을 흙탕물로 만들기는 쉽다. 물을 맑게 하려면 손으로 휘저어서는 안 되고 가만히 놔둬야 한다. 무질서에 대응하는 가장 좋은 방법은 일이 알아서 바로잡히게 그냥 두는 것이다.

운이 따르지 않는 날도
있게 마련이다

운이 따르지 않는 날! 살다 보면 그런 날도 있다. 그런 날은 아무것도 제대로 되지 않는다. 전략을 바꿔도 운이 나아지지 않는다. 운을 몇 번 시험해보고 결과가 좋지 않으면 후퇴하라. 이해하는 데도 한계가 있다. 그 누구도 모든 순간에 모든 것을 알 수는 없다. 편지를 잘 쓰는 것처럼 생각을 잘하는 일에도 운이 필요하다. 완벽한 것은 전부 적절한 시기에 달렸다. 아름다움에도 때가 있으며, 지혜도 너무 많이 쓰이거나 너무 적게 쓰여서 실패할 때가 있다. 일이 잘 풀리려면 적기에 이루어져야 한다. 이게 바로 어떤 날은 일이 전부 꼬이고 어떤 날은 노력을 덜 들여도 일이 전부 잘되는 이유다. 좋은 날에는 모든 일이 손쉽게 이루어지고, 머리도 잘 돌아가고, 기분도 좋다. 운이 트이는 느낌이 드는 것이다. 이런 날이 찾아오면 기회를 놓치지 말라. 한순간도 낭비하지 말라. 하지만 불운이 한 번 찾아왔다고 해서 그날이 무조건 나쁜 날이라고 단정 짓거나 행운이 한 번 찾아왔다고 해서 그날이 무조건 좋은 날이라고 단정 짓는 것은 현명하지 않다.

모든 것에서 좋은 점을
단번에 발견하라

모든 것에서 좋은 점 단번에 발견하기. 이는 안목이 높은 사람의 장점이다. 꿀벌은 곧바로 단맛을 찾아 나서고, 독사는 독을 만들 때 필요한 쓴맛을 찾아 나선다. 사람의 안목도 마찬가지다. 어떤 사람들은 최고의 안목을 자랑하고, 어떤 사람들은 최악의 안목에도 굴하지 않는다. 좋은 면이 하나도 없는 것은 없다. 마음의 양식인 책은 특히 더 그렇다. 하지만 어떤 사람들은 성격상 불행하게도 장점 수천 가지 사이에 숨어 있는 단 하나의 결점을 찾아낸다. 그러고는 그것을 질책하고 터무니없이 부풀린다. 이런 사람들은 결점에 치중하는데, 그런 면이 그들의 영리함을 보여주기보다는 낮은 안목을 보여준다. 쓰고 불완전한 것을 뜯어먹으며 슬픈 인생을 사는 사람들이다. 다른 사람들은 더 행복하게 산다. 이런 사람들은 결점 수천 가지 사이에 숨어 있는 단 하나의 장점을 운 좋게 찾아낸다.

자기 생각만
중시하지 말라

자기 생각만 고집하지 말라. 다른 사람들을 만족시키지 못하고 혼자 만족하는 것이 무슨 소용인가? 자기만족은 경멸을 부를 뿐이다. 자신을 과하게 칭찬하면 다른 사람들과의 관계가 껄끄러워질 것이다. 자신에게 말하는 동시에 자기 말도 듣는 일은 잘 해내기 어렵다. 혼자 있을 때 자신에게 말하는 것은 미친 짓이며, 다른 사람들이 있을 때 자기 생각에만 귀 기울이는 것은 두 배로 어리석다. 어떤 사람들은 "제 말이 맞죠?" 또는 "무슨 말인지 아시죠?"라고 물으며 이야기를 듣는 사람들에게서 칭찬이나 아첨을 유도하려고 한다. 하지만 이런 행동은 그들의 판단에 의구심만 생기게 한다. 허영심이 많은 사람도 다른 이들이 자기 의견에 무조건 찬성하기를 바란다. 그들의 주장은 뒷받침해줄 증거가 부족해서 바보들이 매번 "말씀 잘하셨어요!"라고 지지해줘야 한다.

142

고집을 부리느라
잘못된 편에 서지 말라

상대가 먼저 도착해서 가장 좋은 것을 골랐다고 하여 일부러 잘못된 것을 고르지 말라. 그러면 이미 패배한 채로 전쟁에 뛰어드는 꼴이며 불명예를 안고 쓰러질 것이다. 나쁜 무기로는 절대로 이길 수 없다. 더 좋은 편에 선 것은 상대가 영리하게 움직인 것이지만, 뒤에 처지면서 가장 나쁜 편에 서는 것은 미친 짓이다. 이런 고집은 말보다 행동에서 드러날 때 더 위험하다. 행동이 말보다 위험 부담이 더 크기 때문이다. 고집 센 사람들은 무지해서 진실을 부정하고 유용한 것에 반박하는 편을 택한다. 반대로, 현명한 사람은 언제나 감정이 아닌 이성의 편에 선다. 처음부터 이성적으로 선택하거나 나중에 마음을 바꿔서 올바른 선택을 한다. 만일 상대가 바보 같다면 어리석음 때문에 다른 편으로 옮겨 가서 입지가 나빠질 것이다. 상대를 최고의 선택사항에서 멀어지게 하려면 그것을 직접 차지해야 한다. 상대가 어리석어서 그것을 포기하고 다른 것을 택한 후에 고집을 부려 쓰러질 때를 노려라.

143

역설적인 사람이
되지 말라

진부해지지 않으려고 역설적인 사람이 되지 말라. 이런 극단적 태도는 평판을 나빠지게 한다. 우리의 품위를 떨어뜨릴 위험이 있는 것은 무엇이든 어리석다. 역설은 일종의 속임수다. 처음에는 새롭고 흥미진진해서 박수를 받지만, 나중에 거짓이 밝혀지고 나면 치욕을 안겨준다. 역설은 거짓된 매력이 있는데, 정치적인 문제가 역설적이면 국가의 파멸을 부를 우려가 있다. 공을 세워서 이름을 날리지 못하는 사람들이 역설로 가는 길을 택한다. 그들은 어리석은 사람들을 놀라게 하고 현명한 사람들을 예언자로 만든다. 역설적인 태도는 판단력이 떨어지고 신중함이 부족하다는 것을 보여준다. 역설은 거짓이나 불확실성에 바탕을 두고 있으며 인생의 중대사를 위험에 빠뜨린다.

숙이고 들어가서
이기고 나와라

숙이고 들어가서 이기고 나오기! 이는 원하는 걸 얻을 때 쓰는 전략이다. 천국에 관한 일에서도 기독교 스승들이 이런 신성한 술책을 강조한다. 이것은 중요한 위장법이며 다른 사람의 의지에 영향을 끼치고 싶을 때 미끼로 사용한다. 이런 전략을 쓰면 마치 상대방을 생각해주는 것처럼 보이겠지만, 사실 이것은 자신을 위한 길을 닦는 과정이다. 혼란스러운 상태에서 일을 추진하지 말라. 위험한 일은 특히 더 조심해야 한다. 첫말마다 "아니요" 하는 사람들을 조심하라. 의도를 숨겨야 "네"라고 하는 그들의 답을 이끌 수 있다. 그들이 당신의 의견에 반대할 것 같다는 생각이 들면 신경을 더 많이 쓰는 게 좋다. 이 조언은 숨겨진 의도를 다룬 다른 격언들과 관련이 있으며 가장 교묘한 처세술을 담고 있다.

다친 손가락을 감춰라

다친 손가락은 감춰야 한다. 그러지 않으면 여기저기 부딪힐 것이다. 다친 손가락에 대해서 절대로 불평하지 말라. 악의는 언제나 우리를 아프거나 약하게 만드는 일에 집중한다. 낙담한 것을 드러내는 건 다른 사람들에게 비웃을 기회만 안겨주는 꼴이다. 악의는 언제나 당신을 약 올릴 방법을 찾는다. 자극할 만한 상처를 찾고, 성질을 긁으며, 아픈 곳을 찌를 수천 가지 방법을 시도한다. 현명한 사람은 악의가 담긴 암시를 무시하고 자신의 문제를 감춘다. 개인적 문제이든 유전적 문제이든 마찬가지다. 운명의 여신도 때로는 우리의 가장 약한 곳을 공격하길 좋아한다. 항상 피부가 벗겨진 곳을 곧바로 노린다. 무엇이 당신을 분하게 하는지, 무엇이 당신에게 활기를 불어넣는지 드러내지 않도록 조심하라. 그러지 않으면 당신을 분하게 하는 것은 오래가고 당신에게 활기를 불어넣는 것은 금방 끝날지도 모른다.

내면을 깊이
들여다보라

내면은 깊이 들여다봐야 한다. 겉보기와 실제가 다른 것이 많다. 겉껍질만 볼 줄 아는 무지한 사람은 다른 이들 덕택에 알맹이를 보고 나서 환상이 깨져버린다. 거짓말은 항상 먼저 찾아오고 끝없는 천박함 속에서 바보들을 끌고 다닌다. 반대로, 진실은 항상 늦게 나타난다. 시간과 함께 다리를 절뚝이면서 맨 마지막에 등장한다. 그래서 현명한 사람은 자연이 귀를 두 개 주신 것에 감사하면서 한쪽 귀는 진실을 위해 남겨놓는다. 기만은 피상적이며, 피상적인 사람들은 기만에 쉽게 사로잡힌다. 통찰력은 현명하고 신중한 사람들만 찾아올 수 있도록 깊숙한 곳에 숨어 산다.

가까이하기 어려운
사람이 되지 말라

가까이하기 어려운 사람이 되어서는 안 된다. 아무리 완벽한 사람이라도 가끔은 조언이 필요하다. 다른 이의 말을 귀담아듣지 않는 사람은 구제 불능인 바보다. 머리가 남다르게 좋은 사람도 어딘가에서 따뜻한 조언을 구해야 한다. 심지어 군주도 다른 사람에게 기대는 법을 배워야 한다. 어떤 사람들은 가까이하기가 어려워서 구제해줄 길이 없다. 그런 사람들은 아무도 감히 잡아줄 생각을 못 해서 파멸하고 만다. 융통성이 매우 부족한 사람도 우정을 위해서 문을 열어둬야 한다. 그러면 도와줄 사람이 그 문을 열고 들어올 것이다. 우리는 누구나 우리를 편하게 나무라고 우리에게 조언해줄 친구가 필요하다. 그 친구의 의리와 신중함에 대한 우리의 높은 평가와 신뢰가 그에게 이런 권위를 부여할 것이다. 아무에게나 이런 권위를 주고 존경심을 보여서는 안 된다. 하지만 조심하려는 마음 깊은 곳에 믿고 의지할 친구라는 거울이 필요하다. 그 거울을 중시하면 기만으로부터 자유로워질 것이다.

148

대화의 기술을 익혀라

대화 기술을 연마하라. 대화 기술에서 사람의 진짜 인격이 드러난다. 그 어떤 인간 활동도 이 정도로 신중함을 요구하지는 않는다. 우리가 대화보다 더 자주 하는 활동도 없기 때문이다. 편지를 쓸 때도 신중한 태도가 필요하다. 편지에 담긴 내용은 미리 생각해둔 대화를 적는 것이다. 말로 대화할 때는 신중함이 더 많이 필요하다. 사람들과 이야기를 나누면서 우리가 얼마나 신중한 사람인지 알게 된다. 대화에 능한 사람들은 상대가 하는 말을 듣고 그의 됨됨이를 금세 짐작한다. 어느 현자는 "말하라. 그러면 당신이 누구인지 알려질 것이다"라고 말했다. 어떤 사람들은 대화의 기술이란 아무런 기술도 발휘하지 않는 것이라고 생각한다. 몸에 편안하게 맞는 옷처럼 말도 편하게 하라는 것이다. 친구들과의 대화는 이렇게 편하게 나눠도 될지 모른다. 하지만 지위가 높은 사람들과의 대화는 말하는 이의 품위가 드러나고 무게감이 더 있어야 한다. 대화를 성공적으로 나누려면 다른 사람들의 성향과 지적인 능력에 자신을 맞춰야 한다. 상대방이 사용하는 단어를 너무 트집 잡지 말라. 그랬다가는 "문법학자냐?" 하는 소리를 들을 것이다. 상대방의 문장도 자꾸 지적하면 다른 사람들이 당

신을 피할뿐더러 대화조차 하지 않을려 할 것이다. 대화에서는
말을 유창하게 하는 것보다 신중히 하는 게 더 중요하다.

다른 사람이
대신 타격을 받게 두라

다른 사람이 대신 타격받게 할 줄도 알라. 악의로부터 자신을 보호해야 한다. 이것은 다른 사람들을 다스리는 군주에게 특히 유용한 기술이다. 실패에 따른 책임을 다른 이가 지게 하고 그 사람이 험담의 대상이 되게 하라. 이런 방법은 악의가 있는 사람들의 생각처럼 무능력에서 비롯된 것이 아니며 하나의 훌륭한 기술이다. 모든 일이 잘될 수는 없으며, 모든 사람을 만족시킬 수도 없다. 그러니까 희생양을 찾아라. 야망이 커서 좋은 먹잇감이 될 만한 사람이어야 한다.

물건을 팔 줄 알라

물건을 팔 줄 알아야 한다. 물건의 실질적인 가치만으로는 충분하지 않다. 모두가 본질이나 내적인 가치에 관심이 있는 것은 아니다. 사람들은 대체로 군중을 따르기를 좋아한다. 다른 사람들이 어딘가로 가는 것을 보고 그들을 따라간다. 무엇의 가치를 설명하려면 기술이 좋아야 한다. 우선, 칭찬하는 방법이 있다. 칭찬은 욕망을 불러일으키기 때문이다. 아니면 좋은 평판을 안겨주는 방법도 있다. 이때 말을 너무 꾸며내지 않도록 주의해야 한다. 또 다른 방법은 잘 알 만한 사람들에게만 물건을 권하는 것이다. 모두가 자신이 전문가라고 생각할 것이고 그렇지 않은 사람은 전문가가 되길 원할 것이기 때문이다. 어떤 것이 쉽거나 흔하다고 칭찬하지 말라. 그러면 그게 평범하고 가치가 작아 보일 것이다. 사람들은 독특한 것을 좋아한다. 독특한 것은 안목과 지성을 중시하는 모두에게 매력적으로 여겨진다.

앞을 내다보라

오늘, 내일뿐만 아니라 며칠 뒤까지 내다보라. 어려운 시기가 찾아올 때를 알아차리는 것이 최고의 선견지명이다. 앞을 내다 보는 사람에게 불운이란 없다. 준비된 사람은 궁지에 몰리지 않 는다. 어려운 상황에 놓일 때까지 이성을 아껴두지 말라. 이성 을 이용해서 어려운 상황을 예측하라. 베개는 조용한 예언자다. 미리 하룻밤 자면서 생각해두는 것이 나중에 뜬눈으로 밤을 새 우는 것보다 낫다. 어떤 사람들은 행동부터 하고 생각은 나중에 한다. 이런 전략은 일의 결과보다 일이 잘못됐을 때 필요한 변명 을 더 중시하는 꼴이다. 또 다른 사람들은 미리 생각하지도 않고 나중에 생각하지도 않는다. 인생 전체가 목표 지점까지 가는 방 법을 생각하는 순간들로 채워져야 한다. 다시 생각해보고 앞을 내다보는 것은 인생 미리 살아보기의 좋은 방법이다.

당신의 재능을 가리는 사람과
어울리지 말라

당신의 재능을 가리는 사람은 피하라. 그 사람이 당신보다 뛰어나서든 뛰어나지 않아서든 마찬가지다. 사람은 완벽할수록 평판이 높아진다. 완벽한 사람은 항상 주연 역할을 하고 당신은 조연 역할을 할 것이다. 설령 당신도 사람들에게 존경받더라도 그 사람에게 가고 남은 존경심이 당신에게 올 것이다. 달은 별들 사이에서 혼자 밝게 빛난다. 하지만 해가 뜨면 달은 모습을 드러내지 않거나 사라져버린다. 당신을 가릴 수 있는 사람 근처에는 가지 말라. 당신을 더 돋보이게 해줄 사람만 가까이하라. 이것이 바로 마르쿠스 마르티알리스Marcus Valerius Martialis(고대 로마의 시인)의 시에 나오는 똑똑한 파불라Fabula가 못생기고 단정하지 못한 시녀들 사이에서 아름답게 빛날 수 있었던 이유다. 골칫거리를 곁에 두지 말라. 당신의 평판을 희생하면서 다른 사람을 영예롭게 하지도 말라. 성장할 때는 뛰어난 사람들과 함께하다가 다 성장하고 나면 평범한 사람들과 함께하라.

누군가의 커다란 빈자리를
채우지 말라

누군가의 커다란 빈자리를 대신 채우려 하지 말라. 그런 자리를 채우고 싶다면 그 자리를 감당할 만큼의 재능이 있어야 한다. 전임자와 어깨를 나란히 하려고만 해도 당신의 가치가 두 배는 높아야 한다. 사람들이 전임자보다 당신을 더 좋아하게 만드는 것은 훌륭한 기술이다. 다른 사람의 커다란 빈자리를 채우기란 어렵다. 과거가 현재보다 항상 나아 보이기 때문이다. 전임자와 비슷한 능력을 보여주는 것만으로는 충분하지 않다. 그 자리를 먼저 차지하는 사람이 유리하므로 전임자의 뛰어난 명성을 떨어뜨리려면 재능이 남달라야 한다.

너무 쉽게 믿거나
좋아하지 말라

너무 쉽게 믿거나 좋아해서는 안 된다. 정신적으로 성숙한 사람은 무엇이든 함부로 믿지 않는다. 거짓말은 흔하지만, 믿음은 특별해야 한다. 섣불리 판단했다가는 창피해지고 피곤해진다. 그렇다고 해서 다른 사람들의 진실함에 공개적으로 의구심을 제기하지는 말라. 누군가를 거짓말쟁이 취급하거나 그 사람이 속았다고 우기면 상황만 나빠진다. 그것보다 더 큰 단점도 있다. 다른 사람들을 믿지 않는다는 것은 당신도 정직하지 못하다는 사실을 암시한다. 거짓말쟁이는 두 번 시달린다. 다른 사람을 믿지도 못하고, 다른 사람의 믿음을 얻지도 못한다. 신중한 사람들은 남의 말을 들을 때 판단을 유보한다. 무엇을 너무 쉽게 좋아하는 것도 자제해야 한다. 말로 남을 속이는 사람들도 있지만, 행동으로 속이는 사람들도 있다. 후자가 실생활에 해를 더 많이 끼친다.

흥분을 달래는
기술을 익혀라

흥분을 달래는 기술을 익혀야 한다. 가능할 때마다 깊이 생각해서 흥분하면 나올 수 있는 돌발 행동을 예측하라. 신중한 사람은 이런 일을 쉽게 해낸다. 화가 났을 때 가장 먼저 해야 할 일은 화가 났다는 사실을 알아차리는 것이다. 감정을 다스리며 여기서더는 나아가지 않겠다고 결심하라. 이렇게 조심하는 데 능숙해지면 화를 금방 가라앉힐 수 있다. 분노를 어떻게 멈춰야 하는지 알고 적절한 순간에 멈출 수 있어야 한다. 달릴 때 가장 어려운 일은 멈추는 것이다. 분노가 치솟을 때도 맑은 정신을 유지한다는것은 매우 지혜롭다는 증거다. 흥분이 조금이라도 도를 넘어서면이성이 마비되기 시작한다. 하지만 이런 식으로 주의를 기울이면분노가 걷잡을 수 없는 지경에 이르거나 분별력을 짓밟지는 않을 것이다. 감정에 휘둘리지 않으려면 감정을 신중하게 절제해야한다. 그렇게 할 수 있는 사람은 '말을 탄 사람('말을 탄 사람 중에현명한 자는 없다'라는 스페인 속담이 있다)' 중에 분별 있는 첫 번째사람이 될 것이다. 어쩌면 그 사람이 분별 있는 마지막 인물이 될지도 모른다.

친구를 가려서 사귀어라

친구를 잘 사귀어야 한다. 친구는 신중하게 평가하고 운명의 시험을 거치게 해야 한다. 의지가 얼마나 강하고 이해심이 얼마나 많은지도 따져봐야 한다. 친구를 잘 사귀는 것이 인생에서 가장 중요한데도 사람들은 이런 면에 크게 신경 쓰지 않는다. 남의 일에 끼어들었다가 친구가 되기도 하지만, 대부분 우연히 친구를 만난다. 사람의 됨됨이를 알려면 그 사람의 친구들을 보면 된다. 현명한 사람은 절대로 어리석은 사람과 어울리지 않는다. 누군가와 어울리는 것을 즐긴다고 해서 그 사람이 절친한 친구라는 뜻은 아니다. 그 사람을 신뢰하기보다는 그의 유머 감각만 높이 살 수도 있기 때문이다. 진짜 우정도 있고, 가짜 우정도 있다. 가짜 친구는 즐기려고 만나고, 진짜 친구는 다양한 생각을 나누면서 힘을 얻으려고 만난다. 사람 자체를 보고 친하게 지내는 이는 적으며, 대부분 그의 환경을 보고 친구가 된다. 진정한 친구의 통찰력은 다른 사람들의 호의보다 더 값지다. 그러니까 친구를 우연히 사귀지 말고 신중하게 선택하라. 현명한 친구는 슬픔을 달래주고, 어리석은 친구는 슬픔을 안겨준다. 다만 친구를 오랫동안 곁에 두고 싶다면 복을 너무 많이 빌어주지 말라.

사람을 잘못 보면
안 된다

사람을 잘못 보는 일! 이것은 가장 쉽게 저지를 수 있는 실수이자 최악의 실수이다. 물건을 살 때 바가지를 쓰는 것이 불량품을 사는 것보다 낫다. 인생에서 사람만큼 자세히 살펴봐야 하는 것도 없다. 무엇을 이해하는 것과 사람을 잘 아는 것에는 차이가 있다. 사람의 성향을 탐구하고 성격적 특징을 파악할 줄 아는 것은 굉장한 기술이다. 책만큼이나 사람도 꼼꼼하게 연구해야 한다.

친구를 활용할 줄 알라

친구를 잘 활용하라. 그러려면 신중해야 하고 기술도 있어야 한다. 어떤 친구는 가까이 있을 때 좋고, 어떤 친구는 멀리 떨어져 있을 때 좋다. 만나서 대화를 나누기 껄끄러운 친구도 편지를 주고받기에는 좋을 수 있다. 가까이 있을 때는 견디기 어려운 결점을 거리가 숨겨주기 때문이다. 친구에게서 즐거움만 찾으려 하지 말고 친구를 잘 활용할 줄도 알아야 한다. 친구는 어떤 이든 될 수 있다. 진정한 우정은 조화롭고 선하며 진실하다는 특징이 있다. 좋은 친구를 사귀는 사람은 드물다. 친구를 고르는 법을 모를 때는 좋은 친구를 만나기가 더 어렵다. 새 친구를 사귀는 방법보다 우정을 유지하는 방법을 아는 것이 더 중요하다. 오래 사귈 친구를 찾아라. 새 친구의 경우에는 언젠가 그 친구도 오랜 친구가 되리라는 데서 만족감을 얻어라. 최고의 친구는 함께 많은 경험을 나눈 오래된 벗이다. 친구 없는 인생은 황무지와 같다. 친구가 있으면 좋은 것은 배로 누리고 나쁜 것은 함께 나눌 수 있다. 우정은 불운을 치료하는 유일한 약이고 영혼에 달콤한 위안을 안겨준다.

어리석은 사람을
감당할 줄 알라

어리석은 사람을 감당할 줄 알아야 한다. 현명한 사람은 관대함이 부족하다. 많이 배우면서 인내심이 줄어들었기 때문이다. 박식한 사람은 만족시키기 어렵다. 고대 그리스 철학자 에픽테토스Epictetus에 따르면 인생에서 가장 중요한 규칙은 모든 것을 감당할 줄 아는 거라고 한다. 그는 모든 것을 감당하려고 가진 지혜를 절반으로 줄이기도 했다. 어리석음을 참고 견디려면 큰 인내심이 필요하다. 가끔은 우리가 가장 크게 의지하는 사람들에게 가장 많이 시달리는데, 이것이 극기에 도움 된다. 인내심은 큰 행복인 내면의 평화로 이어진다. 다른 이들을 감당할 줄 모르는 사람은 자기 안에 갇혀 살아야 한다. 자기를 감당할 수 있다면 말이다.

말할 때 신중하라

말할 때 신중해야 한다. 경쟁자에게는 말조심하고, 다른 사람들에게는 품위 있게 말하라. 말 한마디 내뱉을 시간은 언제나 있지만, 그 말을 주워 담을 시간은 없다. 마치 유언을 하듯 말하라. 유언을 짧게 할수록 소송에 휘말릴 일도 적어질 것이다. 사소한 일에 관해 말할 때 중요한 일에 관한 말을 할 때처럼 신중히 하라. 비밀은 신의 손길이 닿은 것 같은 느낌이 든다. 말을 가볍게 하는 사람은 금세 무너지거나 실패한다.

161

자신의 단점이
무엇인지 파악하라

자신의 단점을 파악하라. 가장 완벽한 사람도 단점은 있다. 그렇다고 해서 단점을 용인하거나 좋아할 필요는 없다. 지성과 관련된 단점은 지적으로 뛰어난 사람에게서 가장 쉽게 눈에 띈다. 본인이 그런 단점을 알아차리지 못해서가 아니라 그런 점을 좋아하기 때문이다. 개선 가능한 단점이 있는 것으로도 모자라서 단점에 대한 불합리한 애정까지 있는 것은 이중으로 나쁘다. 완벽한 얼굴에 커다란 점이 난 것과 같다. 다른 사람들은 그 점을 싫어하지만, 본인은 애교점이라고 생각하는 것이다. 용감하게 이런 단점을 없애서 당신이 갖춘 다른 자질이 빛날 기회를 제공하라. 사람들은 당신의 단점을 금세 알아차릴 것이다. 그러고는 당신의 재능에 감탄하는 대신 단점에 집중하며 당신의 다른 능력은 무시할 것이다.

경쟁자의 시기심과
악의를 다스려라

경쟁자들에게 무관심한 태도를 보이는 것은 별 소용이 없다. 차라리 그들에게 용감히 맞설 때 효과가 훨씬 좋다. 당신을 험담하는 사람을 좋게 말하는 것보다 칭찬받을 만한 일도 없다. 시기심으로 가득한 경쟁자를 공로와 재능으로 이기고 괴롭히는 것보다 영웅적인 복수도 없다. 당신이 성공하는 일 하나하나가 당신이 파멸하기를 바라는 사람들에게는 고문과 같다. 당신이 누리는 영광도 경쟁자들에게는 끔찍한 고통으로 다가온다. 이것이 최고의 응징이다. 성공을 독으로 바꾸는 것이다. 시기심이 많은 사람은 한 번 죽지 않고 경쟁자가 박수를 받을 때마다 죽는다. 시기 대상이 누리는 불멸의 명성은 시기하는 사람의 영원한 징벌을 뜻한다. 전자는 영광 속에서 영원히 살고, 후자는 끝없는 고통 속에서 산다. 운명의 나팔은 한 명을 위해서는 불멸을 연주하고 다른 한 명을 위해서는 죽음을 연주한다. 시기하는 사람은 시간을 질질 끄는 느린 죽음을 맞이할 것이다.

불행한 사람을 동정하다가
함께 불행해지지 말라

불행한 사람을 동정하다가 함께 불행해지는 것을 경계하라.
한 사람의 불행이 다른 사람에게는 행복이 될 수 있다. 많은 사
람이 불행하지 않고서 누군가가 행복할 수는 없기 때문이다. 불
행한 사람은 동정심을 쉽게 얻는다. 사람들은 쓸데없는 호의를
베풀면서 불행한 이에게 운명의 시련에 대한 보상을 해주려고
한다. 잘나갈 때는 모두가 싫어하던 사람을 다들 갑자기 불쌍히
여기는 것이다. 그의 몰락이 복수심을 연민으로 바꿔버렸다. 운
명이 어떻게 바뀌는지 알아차리려면 상황 판단이 빨라야 한다.
어떤 사람들은 불행한 이들과만 어울린다. 그들이 행복할 때는
도망갔으면서 이제는 곁을 지키는 것이다. 이런 행동은 내면의 숭
고함을 드러낼 때도 있지만 지혜로운 처사는 아니다.

사람들의 반응을 떠보라

사람들의 반응을 떠볼 줄 알아야 한다. 그래야 무엇이 얼마나 잘 받아들여질지 알 수 있다. 특히 어떤 일의 인기나 성공 여부가 확실하지 않을 때 미리 반응을 떠보는 것이 좋다. 그러면 그 일이 잘되리라는 확신이 생기고 일을 추진할지 말지 결정할 기회가 생긴다. 현명한 사람은 다른 이들의 의향을 떠보면서 자기 입지를 확인한다. 무엇을 물어보고, 원하고, 다스릴 때 이런 식으로 앞을 내다보라.

정정당당하게 싸워라

정정당당하게 싸워야 한다. 현명한 사람도 전쟁에 내몰릴 수 있다. 하지만 독화살을 쓰는 비열한 전쟁은 하지 말라. 다른 사람들이 부추기는 대로 행동하지 말고 당신의 성품대로 행동하라. 경쟁자들을 관대하게 대하는 행동은 칭찬받아 마땅하다. 싸울 때 권력을 쟁취하는 것도 중요하지만 당신이 탁월한 전사임을 보여주는 것도 중요하다. 고결하지 못한 방법으로 적을 정복하는 것은 승리가 아니라 항복이나 마찬가지다. 선한 사람은 금지된 무기를 사용하지 않는다. 친구와 헤어져서 그런 무기를 얻었더라도 절대로 써서는 안 된다. 우정이 증오로 끝났더라도 친구가 한때 당신에게 보인 신뢰를 악용하지 말라. 배신의 기미가 보이는 것은 무엇이든 평판에 독이 된다. 고결한 사람은 조금이라도 비열한 구석이 있어서는 안 된다. 고결한 사람과 야비한 사람은 멀리 떨어져 있어야 한다. 설령 용기, 관대함, 믿음이 세상에서 사라지더라도 당신의 가슴속에서 다시 발견되리라는 것에 자부심을 가질 수 있어야 한다.

말만 하는 사람과
행동하는 사람을 구별하라

　　말만 하는 사람과 행동하는 사람, 이 둘을 구별하기란 쉽지 않다. 당신 자체를 높이 평가하는 친구와 당신의 지위를 높이 평가하는 친구를 구분하는 일만큼이나 어렵다. 행동이 나쁘지 않아도 말이 나쁘면 전체적으로 나쁜 것이다. 행동은 나쁘고 말은 좋은 것은 더 나쁘다. 말은 바람에 불과하며, 예의는 정중한 속임수다. 이런 것들을 먹고 살 수는 없다. 거울로 새를 잡을 수 있다면 완벽한 덫을 놓는 셈이다. 허영심이 많은 사람만 바람에 만족한다. 말은 그 가치를 유지하려면 행동으로 뒷받침되어야 한다. 이파리만 있고 열매는 안 열리는 나무는 알맹이가 없다. 어떤 나무가 돈이 되고 어떤 나무가 그늘만 만들어주는지 알아야 한다.

자립적인 사람이 되어라

자립적인 사람이 되어야 한다. 곤란한 상황에서 강한 심장만큼 든든한 동반자도 없다. 심장이 약할 때는 심장과 가장 가까이 있는 다른 장기들을 활용하라. 자립적인 사람이 걱정거리를 더 능숙하게 감당한다. 운명에 굴복하지 말라. 그랬다가는 운명을 견디기가 더 어려워질 것이다. 어떤 사람들은 곤경에 처했을 때 자신을 잘 돕지 않으며 어려움을 감당하는 법을 몰라서 두 배로 힘들어한다. 자신을 아는 사람은 깊은 생각 덕택에 약점을 극복한다. 신중한 사람은 모든 것, 심지어 별도 정복한다.

어리석은 괴물이
되지 말라

　어리석은 괴물이 되는 것을 경계하라. 허영심 많은 사람, 건방진 사람, 고집 센 사람, 변덕스러운 사람, 자기만족에 빠진 사람, 사치스러운 사람, 역설적인 사람, 생각이 모자라는 사람, 신기한 것을 찾는 사람, 버릇없는 사람이 여기에 속한다. 전부 부적절한 괴물들이다. 정신의 기형이 신체의 기형보다 더 추하다. 더 고차원적인 아름다움을 부정하기 때문이다. 하지만 누가 이렇게 곳곳에 널린 어리석음을 바로잡을 것인가? 자기 통제가 이루어지지 않을 때는 다른 사람의 조언과 도움도 소용이 없다. 자제력이 부족한 이는 상상 속에서나마 사람들의 박수를 받으려는 잘못된 욕구 때문에 자신을 철저하게 돌아보지 못한다.

169

백 번 적중하는 것보다
한 번 빗나가지 않는 게 낫다

백 번 적중하는 것보다 한 번 빗나가지 않는 게 낫다. 아무도
찬란하게 빛나는 태양을 직접 보려고 하지 않는다. 하지만 달에
가려진 태양은 모두가 쳐다본다. 보통 사람들은 당신의 수많은
성공작보다 단 하나의 실패작에 관심을 집중할 것이다. 나쁜 것
이 좋은 것보다 더 잘 알려지고 소문으로 더 빨리 퍼진다. 죄를
저지르기 전까지는 사실상 알려지지 않았던 사람이 많다. 그들
이 성공한 그 모든 일도 실패한 단 하나의 일을 감추기에는 역부
족이다. 악의가 있는 사람은, 당신의 장점은 하나도 알아차리지
못하고 단점은 전부 알아차린다는 것을 명심하라.

항상 무엇인가
아껴둬라

항상 아껴둬라. 그러면 당신의 유용함이 계속 증명될 것이다. 모든 일에 능력과 힘을 한꺼번에 쏟아붓지 말라. 지식을 전달할 때도 남겨두는 정보가 있어야 한다. 그래야 당신의 완벽함이 두 배로 빛난다. 비상시에 쓸 수 있는 것을 항상 아껴둬라. 과감하게 공격하는 것보다 적절한 시기에 구조하는 것이 더 가치 있고 명예롭다. 신중한 사람은 언제나 안전한 길을 택한다. 이때 자원의 절반을 투입하는 게 전체를 투입하는 것보다 더 큰 힘이라는 흥미로운 역설이 들어맞는다.

사람들의 호의를
낭비하지 말라

사람들의 호의를 낭비하지 말아야 한다. 큰일에 대비해서 중요한 친구들을 아껴둬라. 별로 중요하지 않은 일에 중요한 친구들의 호의를 낭비하고 인맥을 총동원하지 말라. 정말로 위험에 처할 때까지는 공격에 나서지 말고 대비하는 것이 좋다. 사소한 목표를 달성하려고 중요한 수단을 써버리면 나중에 무엇이 남겠는가? 호의나 당신을 지켜줄 수 있는 사람보다 더 소중한 것은 없다. 사람들의 호의는 세상을 세울 수도, 무너뜨릴 수도 있다. 호의는 당신에게 지혜를 주거나 빼앗을 수도 있다. 자연과 명성이 현명한 사람에게 무엇을 부여하든 행운의 여신은 질투한다. 물건보다 사람을 잘 붙잡고 있는 것이 더 중요하다.

잃을 것이 없는 사람과
절대로 겨루지 말라

잃을 것이 없는 사람과는 절대 겨루지 말아야 한다. 그랬다가
는 불공평한 싸움에 휘말릴 것이다. 상대는 아무런 걱정 없이 나
타난다. 이미 모든 것을 잃어서 무엇을 더 잃을까 봐 두려워할
필요가 없다. 그에게는 수치심조차 남아 있지 않다. 그래서 온갖
종류의 무례한 행동을 자행한다. 그런 사람 앞에서 당신의 소중
한 평판을 위태롭게 하지 말라. 명성은 쌓는 데는 수년이 걸린다.
그럼에도 사소한 일로 한순간에 무너질 수 있다. 명예와 책임감
이 있는 사람은 명성이 있다. 잃을 것이 있기 때문이다. 그런 사
람은 자신과 상대의 명성을 저울질해본다. 그러고는 매우 신중한
태도로 싸움에 임한다. 천천히 조심스럽게 움직이다가 제때 후퇴
해서 명성을 잃지 않는다. 설령 승리하더라도 자신을 패배의 위
험에 노출하면서 잃은 것을 되찾지 못하기 때문이다.

사람을 상대할 때
너무 쉽게 무너지지 말라

사람을 상대할 때 쉽사리 무너지면 안 된다. 친구관계에서 이런 점을 특히 주의해야 한다. 연약한 모습을 보이며 매우 쉽게 무너지는 사람들이 있다. 분노로 폭주하며 남을 짜증 나게 만드는 사람들이다. 이런 사람들은 눈동자보다 더 예민한데, 농담이든 진담이든 잘 받아들이지 못한다. 기둥처럼 큰 것은 고사하고 아주 작은 티끌에도 기분 나빠한다. 이런 사람들을 상대할 때는 극도로 조심해야 하며 그들이 얼마나 연약한지 절대로 잊어서는 안 된다. 아주 하찮은 것에도 짜증 내는 사람들임을 명심하라. 이런 사람들은 대체로 이기적이고 자신의 기분을 감당하지 못한다. 순간의 기분에 사로잡혀서 다른 모든 것을 내팽개치고 자신의 바보 같은 체면에 심취하기도 한다.

너무 성급하게
살지 말라

성급하게 살지 말라. 일을 체계적으로 준비할 줄 알면 그 일을 즐기는 법도 알 것이다. 운이 바닥난 후에도 살아갈 날은 남아 있다. 사람들은 행복한 순간을 낭비해놓고는 나중에 뒤돌아서 그 순간으로 돌아가고 싶어 한다. 그런 사람들에게는 시간이 너무 천천히 흐른다. 그들은 성급한 성미 탓에 마차를 끄는 마부처럼 보통의 인생 속도를 높여버린다. 평생에 걸쳐서도 소화하기 어려운 것을 하루 만에 먹어 치우려는 사람들이다. 그들은 스스로 성공할 것으로 예측하고 아직 오지도 않은 미래를 몇 년씩 집어삼킨다. 항상 마음이 급해서 모든 것을 너무 일찍 끝내버린다. 지식을 쌓을 때도 모르는 편이 나은 지식까지 섭렵하지 않도록 속도를 조절하는 것이 좋다. 우리는 기쁜 날들이 지나고 나서도 계속 살아야 한다. 행동은 빠르게 하되 인생은 천천히 즐겨라. 사람은, 끝난 일은 즐겁게 생각하고 끝난 즐거움은 아쉬워하기 때문이다.

속이 알찬
사람이 되어라

속이 알찬 사람은 그렇지 않은 사람에게 만족하지 못할 것이다. 알맹이 없이 겉모습만 훌륭한 것은 불행한 일이다. 모두가 겉과 속이 같은 것은 아니다. 근거 없는 환상을 품었다가 기만을 낳는 사기꾼들이 있다. 그들을 부추기는 것은 비슷한 부류의 사람들이다. 이런 사람들은 확실한 진실보다 불확실한 거짓을 더 선호한다. 거짓은 많은 것을 약속해주지만 진실은 그러지 못하기 때문이다. 이런 환상은 기반이 탄탄하지 않아서 끝이 나쁠 수밖에 없다. 진실만이 진정한 명성을 안겨줄 수 있으며, 현실만이 실질적인 이익으로 이어질 수 있다. 하나의 거짓말을 위해서 다른 거짓말이 많이 필요해진다. 그러면 집 전체가 공중에 떠 있는 누각처럼 곧 와르르 무너질 것이다. 기반이 탄탄하지 않은 것들은 오래가지 못한다. 너무 많은 약속은 의심을 사고, 과도한 증거는 거부당하게 마련이다.

지식을 쌓아라

지식을 쌓아라. 아니면 지식이 있는 사람의 말을 들어라. 인생을 살려면 이해할 수 있어야 한다. 자신의 지식으로든 남에게서 빌린 지식으로든 이해해야 한다. 하지만 많은 사람이 자신이 알지 못한다는 사실을 모른다. 어리석은 사람에게는 약도 없다. 무지한 사람은 자신이 모른다는 사실을 알지 못해서 자신에게서 부족한 면을 찾아보지 않는다. 자신이 현명하지 않다는 사실을 알면 현명해질 것이다. 그래서 현인은 보기 드물뿐더러 하는 일도 별로 없다. 아무도 그에게 조언을 구하지 않기 때문이다. 남에게 조언을 구한다고 해서 위대함이 줄어들거나 재능을 의심하는 사람이 생기지는 않는다. 오히려 명성이 높아질 것이다. 불행에 맞서 싸우려면 이성적인 사람에게 조언을 구하라.

다른 사람들과
너무 친해지지 말라

지나치게 친밀한 관계는 지양하라. 너무 친해지면 영향력으로 얻은 우월성과 명성을 잃을 것이다. 별은 우리와 멀리 떨어져 있어서 광채 유지가 가능하다. 신에게는 위엄이 있어야 하는데, 신조차도 친숙해지면 경멸하는 사람이 생긴다. 인간사에서는 사람이 모습을 자주 드러낼수록 존경을 덜 받는다. 대화를 자주 나눌수록 감춰져 있던 결점이 드러나기 때문이다. 그래서 누군가와 너무 친해지지 않는 것이 좋다. 당신보다 뛰어난 사람과 친해지는 것은 위험하며, 당신보다 부족한 사람과 친해지는 것은 부적절하다. 하찮은 대중과 친해지는 것이 가장 나쁘다. 어리석고 오만하게 행동이기 때문이다. 대중은 당신이 호의를 베푸는지도 모르고 그런 호의를 당신의 의무로 생각할 것이다. 친숙함은 결국 상스러움으로 이어진다.

자기 마음을 믿어라

자기 마음을 믿어야 한다. 특히 마음이 강인할 때는 더욱더 믿어야 한다. 마음의 소리에 절대로 반박하지 말라. 마음은 무엇이 가장 중요한지 예측할 수 있을 때가 많다. 우리 안에 타고난 현인이 사는 셈이다. 자기가 두려워하는 것 때문에 무너진 사람이 많다. 하지만 그런 일을 막으려 시도해보지도 않고 두려워하기만 하면 무슨 소용인가? 참으로 진실한 마음을 타고난 사람들이 있다. 이런 사람들의 마음은 항상 불행이 닥칠 것을 경고하고 경종을 울려서 그들을 실패로부터 구해낸다. 악을 찾아 나서는 것은 현명하지 못하다. 악을 정복하려는 의도가 아니라면 말이다.

말을 아끼면
재능이 더 돋보인다

말을 아껴라. 그러면 재능이 더 돋보인다. 비밀이 없는 마음은
공개된 편지와 같다. 비밀을 감출 수 있도록 마음의 깊이를 확보
하라. 깊은 동굴 안에서는 중요한 것들이 밑으로 가라앉아서 눈
에 띄지 않는다. 자신을 다스린 사람만이 말을 아낄 수 있는데,
자제할 줄 아는 것이야말로 진정한 승리다. 자신을 발견하면 할
수록 많은 사람에게 경의를 표현하는 격이다. 신중한 사람의 정
신 건강은 내적인 자제력에 달렸는데, 자제력은 그를 떠보려는
사람들에 의해 위협받는다. 이런 사람들은 당신을 파악하려고
당신의 의견에 반박하거나 똑똑한 사람도 실수하도록 무엇인가
를 넌지시 암시한다. 앞으로 할 일이 무엇인지 말하지 말라. 말한
대로 행동하지도 말라.

적을 자기가 해야 할 일로
이끌지 말라

어리석은 사람은 현명한 사람이 지혜롭게 여기는 일을 절대로 하지 않는다. 그는 그 일이 자신에게 이롭다는 사실을 이해하지 못한다. 적은 설령 현명하더라도 그 일을 하지 않을 것이다. 당신이 알아차리고 계획했을지도 모르는 자신의 의도를 감추려고 할 것이기 때문이다. 모든 일은 양면을 다 살펴봐야 한다. 양쪽을 오가면서 꼼꼼하게 확인하고 중립을 지키려 노력하라. 어떤 일이 '일어날지' 생각하지 말고 어떤 일이 '일어날 수 있는지' 생각해보라.

거짓말을 하지도,
진실을 전부 말하지도 말라

거짓말하지 말라. 그렇다고 해서 진실을 전부 말하지도 말라.
진실을 다루는 것보다 신중함이 더 많이 필요한 일도 없다. 마치
심장에서 피를 뽑을 때처럼 조심해야 한다. 진실을 말하는 것은
숨기는 것만큼이나 큰 노력이 필요하다. 거짓말 한마디로도 정
직한 사람이라는 명성이 무너질 수 있다. 기만을 당한 사람은 불
완전한 사람으로 여겨지고, 기만을 저지른 사람은 배신자로 찍
힌다. 후자가 더 나쁘다. 그렇다고 해서 진실을 전부 말해서는 안
된다. 어떤 진실은 자신을 위해서, 또 다른 진실은 다른 사람들
을 위해서 말하지 않는 편이 낫다.

모두에게 조금은
과감한 면을 보여라

조금은 과감한 면을 보여라. 이것도 신중한 사람이 갖춰야 할 중요한 자질 중 하나다. 다른 사람들에 대한 의견을 바꿔라. 사람들을 너무 높이 평가하는 나머지 그들을 두려워하지는 말아야 한다. 상상력이 마음에 굴복하게 놔둬서는 안 된다. 같이 어울리기 전까지는 멋져 보이는 사람이 많다. 그러다가 대화를 나눠보면 존경하기보다는 실망하게 되는 일이 많다. 아무도 인간성의 좁은 한계를 뛰어넘지 못한다. 누구나 지적인 면 또는 성격적인 면에서 부족한 점이 있다. 지위가 높으면 권위가 부여되지만, 그런 식으로 권위를 얻은 사람이 사적 공을 세우는 일은 드물다. 운명의 여신은 고위직에 있는 사람에게 좋은 직위를 주는 대신 재능은 덜 주기 때문이다. 상상력은 항상 앞서나가서 모든 것을 실제보다 더 밝게 채색한다. 그래서 상황을 있는 그대로 생각하지 않고 우리가 원하는 대로 생각하게 된다. 다행히 경험에 바탕을 둔 이성이 사태를 정확하게 파악하고 일을 바로잡는다. 어리석은 사람은 과감해서는 안 되고, 지혜로운 사람은 겁이 많아서는 안 된다. 자신감이 무지한 사람을 도울 수 있다면 지혜롭고 용감한 사람은 얼마나 많이 도울 수 있겠는가?

무엇이든
너무 확신하지 말라

매사에 확신하지 말라. 어리석은 사람은 고집이 세고, 고집이 센 사람은 어리석다. 이런 사람들은 판단이 틀리면 틀릴수록 오히려 확신이 더 커진다. 설령 자기 생각이 옳더라도 양보하는 것이 좋다. 그러면 당신이 옳았다는 것도 인정받고 예의 바르다는 칭찬도 들을 것이다. 남을 이겨서 얻을 수 있는 것보다 고집을 부려서 잃는 것이 더 많다. 고집이 지나치게 센 사람은 진실이 아니라 무례한 태도를 옹호하는 꼴이다. 설득하기 어려운 완강한 사람들도 있다. 이런 사람들이 변덕까지 부리면 손쓸 수 없을 정도로 어리석어진다. 판단이 단호하기보다는 의지가 강해야 한다. 물론 예외는 있다. 잘못 판단하고 나서 강한 의지로 잘못된 계획을 강행하면 이중으로 실패할 것이다.

의례적으로
행동하지 말라

의례적인 행동을 지양하라. 군주조차 허식을 좋아하면 괴짜 취급을 받는다. 세세한 것을 지나치게 따지는 사람은 성가시다. 그런데도 나라 전체가 까다롭게 구는 경우들이 있다. 어리석음 이라는 옷은 이런 바보 같은 것들로 만들어졌다. 어리석은 사람 은 자기 명예를 숭배한다. 하지만 작은 일로도 명예가 실추될까 봐 두려워할 정도로 명예의 기반이 탄탄하지 못하다. 사람들에 게 존경을 요구하는 것은 괜찮지만 허례허식의 대명사로 알려지 지는 말아야 한다. 의례를 너무 안 따지는 것도 문제다. 이런 사람 은 성공하려면 재능이 정말 뛰어나야 한다. 예의는 과장돼서도 안 되고 경멸의 대상이 되어서도 안 된다. 그토록 작은 일에 신경 쓰는 사람은 위대해질 수 없다.

명예를 한 가지 일에
다 걸지 말라

한 가지 일에 명예를 다 걸어서는 안 된다. 그러다 결과가 좋지 않으면 피해를 복구할 수 없을 것이다. 한 번은, 특히 처음에는 실수할 만하다. 누구나 항상 최고의 상태일 수는 없고, 모든 날이 '나의 날'일 수는 없다. 그러니까 처음에 했던 실수를 만회하기 위해서 두 번째 시도를 해야 한다. 만일 첫 번째 시도가 성공한다면 그것이 두 번째 시도를 보완해줄 것이다. 항상 더 나은 수단을 확보하고 더 많은 자원을 얻어낼 수 있어야 한다. 어떤 일이든 갖가지 상황에 따라 결과가 달라진다. 하지만 행운이 성공을 부르는 경우는 매우 드물다.

장점처럼 보이는 결점도
제대로 알아보라

고결한 사람은 악한 사람이 화려하게 치장했더라도 그 본성을 꿰뚫어 볼 수 있어야 한다. 악한 사람이 금빛 왕관을 쓸 때도 있지만 그런다고 해서 본성이 감춰지지는 않는다. 노예 제도는 지위가 높은 사람이 아무리 그럴싸하게 포장해도 여전히 비도덕적이다. 악한 사람은 높은 지위를 차지하더라도 저급함에서 벗어나지 못한다. 영웅에게 어떤 결점이 있는 것을 알아차리는 사람들이 있다. 하지만 그들은 그 결점이 그를 영웅으로 만든 것이 아님을 깨닫지 못한다. 높은 지위에 있는 사람을 우러러보는 이가 워낙 많다 보니 추한 행동도 따라 하려는 자들이 생긴다. 아첨하는 이들은 지위가 높은 사람의 추한 얼굴마저 닮으려고 한다. 그들은 위대함에 감춰진 결점이, 훗날 그 위대함이 사라졌을 때도 그저 혐오스러운 것임을 알아차리지 못한다.

즐거운 일은 직접 하고
불쾌한 일은 남을 통해 하라

즐거운 일은 직접 하고 불쾌한 일은 남을 통해 하라. 그러면 사람들의 호의를 얻고 악의는 다른 사람에게 돌릴 수 있다. 위대하고 고결한 사람은 호의를 받기보다는 베풀기를 더 좋아한다. 다른 사람에게 고통을 주면 자기도 연민이나 양심의 가책이 느껴져서 괴로운 법이다. 고위직에 있으면 보상과 처벌을 통해서만 일을 처리할 수 있다. 따라서 보상은 직접 하고 처벌은 다른 사람을 통해서 하라. 사람들의 불만, 증오, 비방이 향할 수 있는 인물을 준비해둬라. 분노한 대중은 광견병에 걸린 개와 같다. 고통의 원인이 병인 줄 모르고 당장 눈앞에 있는 채찍을 물려고 덤빈다. 채찍은 아무런 죄가 없지만 대신 벌을 받게 된다.

칭찬할 것을 찾아라

칭찬하라. 그러면 안목이 높다는 평판이 생기고 사람들이 당신에게 존경받길 원할 것이다. 완벽함이 무엇인지 알아낸 사람은 다른 데서 완벽함을 접하더라도 그것을 높이 평가한다. 무엇을 칭찬하면 이야깃거리도 생기고, 보고 배울 수 있는 대상도 생긴다. 칭찬은 함께 있는 사람들에게 예를 표하는 점잖은 방법이다. 반대로 행동하는 사람들도 있다. 언제나 비판할 거리를 찾는 사람들이다. 그 자리에 없는 사람을 헐뜯어서 그 자리에 있는 사람에게 아첨하는 것이다. 피상적인 사람들에게는 이런 방법이 먹힌다. 그들은 모두에 관한 뒷말을 다른 모두에게 들려주는 것이 얼마나 교활한 행동인지 모른다. 또 다른 사람들은 어제의 훌륭함보다 오늘의 평범함을 더 높이 평가하는 습관이 있다. 신중한 사람은 이런 두 가지 술수를 모두 꿰뚫어 볼 줄 안다. 과장이나 아첨에 흔들리지 말아야 한다. 교활한 사람들은 누구와 같이 있든 똑같은 술수를 쓴다는 것을 잊지 말라.

다른 사람들의
결핍을 이용하라

결핍이 욕구로 이어질 때 사람들의 결핍을 이용하라. 사람들을 조종할 때 쓰기 좋은 확실한 방법이다. 철학자는 결핍이 아무것도 아니라고 말하지만, 정치인은 결핍이 전부라고 말한다. 정치인의 말이 옳다. 어떤 이들은 자신의 목적을 달성하려고 다른 사람들의 욕구를 이용해서 성공의 발판을 마련한다. 다른 사람들이 처한 곤경을 자신한테 유리하게 이용하고 어려움을 빌미로 그들의 욕구를 자극한다. 이런 사람들은 결핍에서 오는 씁쓸함이 소유에서 오는 안주보다 유용하다고 생각한다. 상황이 어려워질수록 욕구는 점점 강렬해진다. 따라서 원하는 것을 얻을 영리한 방법은 사람들이 당신에게 계속 의지하게 하는 것이다.

모든 일에서
위로할 거리를 찾아라

매사에 위로할 거리를 찾아라. 심지어 무능한 사람도 죽지 않는다는 점에서 위로받을 수 있다. 쥐구멍에도 볕 들 날이 있다. 어리석은 사람에게는 행운이 따른다. 그래서 '아름다운 사람은 못생긴 사람만큼 운이 좋기를 바란다'라는 말도 있다. 원래 별 볼 일 없는 사람이 오래 살고, 금 간 거울이 오랫동안 완전히 깨지지 않으면서 사람 속을 태운다. 운명의 여신은 위대한 사람을 질투하는 것 같다. 하찮은 사람에게는 긴 수명을 선물하고 중요한 사람에게는 짧은 수명을 안겨주기 때문이다. 중요한 사람은 언제나 단명하고, 아무 데도 쓸모없는 사람은 장수한다. 실제로 오래 살아서 그럴 수도 있고, 괜히 그렇게 느껴져서 그럴 수도 있다. 불행한 사람은 행운의 여신과 죽음의 사신이 둘 다 자신을 잊어버렸다고 생각한다.

공손한 태도에
속지 말라

공손한 태도에 속아서는 안 된다. 그것은 속임수나 마찬가지다. 어떤 사람들은 마법의 물약이 없어도 주문을 걸 수 있다. 그들은 그저 공손한 태도로 허영심 많고 어리석은 사람들을 현혹할 수 있는 것이다. 그들은 우아함 그 자체이며 듣기 좋은 말을 바람처럼 속삭인다. 모든 것을 약속하는 사람은 그 무엇도 약속하지 않는 자이다. 약속은 어리석은 사람들을 위한 덫이다. 진짜 예의는 의무이며, 가짜 예의는 속임수이다. 과한 예의는 상대방을 존중하는 것이 아니라 권력을 얻으려는 하나의 수단에 불과하다. 이런 수단을 사용하는 사람은 상대방이 아니라 상대방의 부를 좋아한다. 그래서 상대방의 훌륭한 자질을 칭찬하기보다는 호의를 노리고 아첨하기 바쁘다.

평화롭게 살아야
오래 산다

평화롭게 사는 것이 오래 사는 법이다. 자신에게 어울리는 삶을 살아라. 평화로운 사람은 그냥 살지 않고 삶을 지배한다. 듣고, 보고, 침묵하라. 누군가와 말다툼이 없는 날은 푹 쉴 수 있는 날이다. 오래 살면서 삶의 기쁨까지 누리면 두 번 사는 것이다. 그것이 바로 평화의 결실이다. 사소한 일에 신경을 많이 쓰지 않으면 모든 것을 가질 수 있다. 모든 일을 진지하게 받아들이는 것보다 더 바보 같은 짓도 없다. 우리와 상관없는 일로 상처받거나 우리에게 중요한 일에 태연한 것도 어리석은 짓이다.

당신의 이득을 더 챙기는 척하는
사람을 조심하라

　자신의 이득보다 당신의 이득을 더 챙기는 척하는 사람을 경계하라. 간교한 속임수에 대한 최선의 방어는 주의를 기울이는 것이다. 사람들이 교묘하게 행동하면 그것보다 더 교묘하게 대응하라. 자신의 일을 다른 누군가가 대신 하게 만드는 데 능한 사람들이 있다. 이때 그들의 의도를 파악하지 못하면 그들이 먹을 밤이 타지 않도록 불에서 꺼내다가 당신의 손가락만 델 것이다.

자신과 자기 일을
현실적으로 파악하라

자신은 물론 자기 일을 현실적으로 파악하라. 인생 초기에는 특히 더 그래야 한다. 누구나 자신을 높이 평가한다. 가장 별 볼 일 없는 사람이 자기애가 가장 강하다. 모두 자기가 운이 좋길 바라며 천재가 되는 상상을 한다. 가슴이 희망으로 부푼 사람은 과장된 꿈이 이루어지기를 원하지만, 경험이 그것을 뒷받침해주지 못한다. 헛된 상상을 일삼는 사람에게 명확히 다가오는 현실은 고문이나 마찬가지다. 그러니까 분별 있는 삶을 살아라. 최고를 꿈꾸더라도 최악을 예상하면 어떤 결과든 침착하게 받아들일 수 있다. 목표를 약간 높게 잡는 것은 좋지만, 명중하지 못할 만큼 높이 잡아서는 안 된다. 새 일을 시작할 때는 기대치를 조정하라. 경험이 부족하면 추정이 틀릴 때가 많다. 신중한 태도는 온갖 종류의 어리석음에 대항하는 만병통치약이다. 자신의 행동반경과 처지를 알고 이상을 현실에 맞춰라.

다른 사람들을
인정할 줄 알라

다른 사람들을 인정할 줄 알아야 한다. 어떤 일에서든 당신을 능가할 사람은 늘 있다. 그 사람을 능가할 또 다른 사람 또한 늘 있다. 각각의 인물을 정확히 어떻게 활용해야 하는지 알아두는 것이 좋다. 현명한 사람은 모두를 존경한다. 모두에게서 좋은 점을 발견하고 어떤 일이든 잘하는 것이 얼마나 어려운지 알기 때문이다. 반대로, 어리석은 사람은 모두를 경멸한다. 무지해서 그러기도 하고 최악의 것을 언제나 선호해서 그러기도 한다.

행운을 안겨주는
별을 깨달아라

행운을 안겨주는 나만의 별을 깨달아라. 행운의 별이 없을 만
큼 무력한 사람은 없다. 불행한 사람은 자기에게 행운을 안겨주
는 별을 알아보지 못했을 뿐이다. 어떤 사람들은 군주나 권력자
의 도움을 받는다. 어떻게, 왜 도움을 받게 됐는지도 모르고 그
저 운이 따라준 것이다. 그때부터는 운이 사라지지 않도록 조금
만 노력하면 된다. 한편, 지혜로운 인물의 도움을 받는 사람들도
있다. 어떤 사람들은 이 나라보다 저 나라에서 더 환영받거나 특
정한 도시에서 더 잘 알려져 있다. 능력이 비슷하더라도 특정한
일에서 운이 더 따라주는 사람들도 있다. 운명의 여신은 사람들
의 운명이 적힌 카드를 원하는 대로 섞는다. 각자 자신의 운과 재
능을 아는 것이 중요하다. 승패가 거기에 달렸기 때문이다. 자기
에게 행운을 주는 별을 따라가는 방법을 알아야 한다. 다른 별을
따라가거나 별에 등을 돌려서는 안 된다.

바보를 떠맡지 말라

바보를 알아보지 못하는 사람은 바보다. 그것보다 더 심한 바보는 바보를 알아보면서도 내치지 않는 사람이다. 바보는 상대하기 위험하며 바보에게 속마음을 털어놓았다가는 큰일 날 수 있다. 바보도 한동안은 자기가 조심하든 남이 조심하게 돕든 바보 같은 짓을 하지 않는다. 하지만 시간이 지나면서 점점 더 어리석어진다. 명성이랄 것도 없는 사람은 당신의 명성에 해를 끼칠 수밖에 없다. 바보는 항상 운이 나쁘며, 그것이 바보가 짊어져야 할 짐이다. 운 나쁜 바보라는 이중적 불행이 그들을 따라다니고, 이런 불행은 다른 사람에게도 옮겨 간다. 이런 사람의 유일한 쓸모는 현명한 이에게 도움은 못 되더라도 그를 통해 타산지석으로 삼을 수 있다는 것이다.

옮겨 갈 줄 알라

자리를 옮겨 간 이후로 존경받는 사람들이 있다. 특히 직책이 높은 경우에는 더 그렇다. 원래 몸담았던 조직은 뛰어난 사람에게 계모처럼 쌀쌀맞게 군다. 질투는 비옥한 땅을 찾아서 뿌리를 내리고 모든 것을 관장한다. 그래서 질투심 많은 사람은 누군가가 훗날 위대해진 모습이 아니라 불완전했던 초기 모습을 기억한다. 작은 핀은 구세계에서 신세계로 이동하여 사람들의 감탄을 자아냈고, 색유리는 멀리서 왔다는 이유만으로 다이아몬드보다 가치가 높아질지 모른다. 이국적인 것은 무엇이든 존중받는다. 멀리서 오기도 했고, 이미 잘 만들어진 뒤에 사람들이 봐서 그렇기도 하다. 자기 동네에서는 멸시당했더라도 전 세계적으로 명성을 얻은 사람들도 있다. 그들이 유명해지면 같은 국민과 외국인 모두에게 사랑받는다. 같은 국민은 거리를 두고 봐서 그렇고, 외국인은 멀리서 왔기에 그렇다. 사람들이 숭배하는 나무 조각상은 그것이 숲에서 나무둥치로 있었을 때 본 사람의 찬사를 끌어내지 못한다.

존경받으려 할 때
신중하라

사람들에게서 존경받으려고 할 때 신중해야 한다. 너무 밀어붙여서는 안 된다. 좋은 평판으로 가는 진정한 길은 실력을 통해서다. 만일 거기에 노력이 더해지면 지름길로 갈 수 있다. 고결한 성품만으로는 충분하지 않으며, 부지런하기만 해서도 안 된다. 노력하다 보면 명성을 해칠 만큼 더러운 일에 휘말릴 수도 있기 때문이다. 따라서 중도를 걷는 것이 좋다. 실력도 있어야 하지만 자신을 적절하게 선보일 줄도 알아야 한다.

희망을 남겨둬야 큰 행복 속에서
불행해지지 않는다

희망을 남겨둬야 큰 행복 속에서 불행해지지 않는 법이다. 육체는 숨을 쉬어야 하고, 정신은 무엇인가를 갈망해야 한다. 모든 것을 소유하면 오히려 모든 것에 실망하고 만족하지 못한다. 지식도 마찬가지다. 언제나 새로 배울 것이 있어야 호기심을 충족할 수 있다. 희망은 우리에게 생명을 불어넣는다. 하지만 지나치게 행복에 겨운 것은 치명적일 위험이 있다. 사람들에게 보상을 줄 때 절대로 그들을 완전히 만족시키지 말라. 그들이 아무것도 원하지 않으면 두려움을 느낄 이유가 충분하다. 불행한 행복을 느끼는 상태에 빠졌기 때문이다. 원하는 것이 없어지면 그때부터 두려움이 시작된다.

자신의 어리석음을
깨달아라

바보처럼 보이는 사람은 전부 바보고, 바보처럼 보이지 않는 사람의 절반도 바보다. 세상은 어리석음으로 가득하다. 설령 지혜가 조금 남아 있다고 하더라도 신의 눈으로 보면 바보 같을 것이다. 가장 어리석은 사람은 자기가 어리석은 줄 모르고 남들만 어리석은 줄 아는 자다. 현명해지려면 현명해 보이는 것만으로는 충분하지 않다. 특히 자기가 현명하다고 생각하는 것은 더더욱 금물이다. 자기가 모른다고 생각하는 사람이 실제로 아는 자이고, 다른 이들이 볼 수 있다는 것을 모르는 사람이 실제로 보지 못하는 자이다. 세상은 바보 천지다. 하지만 바보 중 그 누구도 자기가 바보라고 생각하거나 현명해지려고 노력하지 않는다.

말과 행동은 사람을
완벽하게 만든다

사람을 완벽하게 만드는 것은 말과 행동이다. 정말 좋은 내용을 말하고, 정말 고결한 행동을 하라. 전자는 머리가 완벽하게 좋고 후자는 마음이 완벽하게 선하다는 것을 보여준다. 둘 다 숭고한 영혼에서 비롯된다. 말은 행동의 그림자다. 말은 여성적이고, 행동은 남성적이다. 다른 사람들을 축하해주기보다는 다른 사람들에게서 축하받는 것이 낫다. 말은 하기 쉽지만, 행동은 하기 어렵다. 행동은 삶의 본질이며, 현명한 말은 삶의 장식이다. 훌륭한 행동은 오래가지만, 훌륭한 말은 그러지 못한다. 행동은 신중한 생각의 결실이다. 말은 지혜를 담고 있고, 행동은 강력한 힘을 담고 있다.

같은 시대를 사는
위대한 인물들이 누구인지 알라

동시대의 위대한 인물을 알아보라. 그런 인물이 많지는 않다. 세상에 하나뿐인 불사조, 단 한 명의 위대한 장군, 한 명의 완벽한 연설가, 100년에 한 번 나오는 현인, 여러 왕 중에서 훌륭한 한 명의 왕은 보기 드물다. 평범한 사람은 지천으로 널려 있고 존경받기도 어렵다. 하지만 뛰어난 사람은 많지 않다. 진정한 완벽함을 갖춰야 하고 목표가 높으면 높을수록 달성하기 어렵기 때문이다. 카이사르나 알렉산드로스 대왕의 이름을 빌려 스스로 '위대한 자'라고 칭한 사람이 많다. 하지만 헛된 일이다. 행동이 뒷받침되지 않는 말은 그저 입김에 불과하기 때문이다. 그동안 세네카 같은 철학자는 적었고, 오직 아펠레스Apelles(알렉산드로스 대왕 시대에 살았던 그리스 화가)만 명성이 오래갔다.

쉬운 일은 어려운 일처럼,
어려운 일은 쉬운 일처럼 하라

쉬운 일은 마치 어려운 일처럼 하고, 어려운 일은 마치 쉬운 일처럼 하라. 그래야 자만하거나 좌절하지 않는다. 어떤 일을 하기 싫다면 그 일을 이미 했다고 생각하면 된다. 하지만 부지런한 태도로 불가능을 정복할 수 있다. 큰 위험에 처했을 때는 생각하지 말고 그냥 행동하라. 어려운 점들을 따져보지 말라.

전략적으로 무시하는
법을 익혀라

무엇을 얻을 수 있는 한 가지 방법은 그걸 무시하는 것이다. 그것은 눈을 씻고 찾을 때는 보이지 않다가 나중에는 굳이 애쓰지 않아도 수중에 들어온다. 이 세상의 평범한 건 전부 천상의 것이 드리우는 그림자에 불과하다. 실제로 그림자처럼 은밀하게 움직이기도 한다. 그래서 우리가 쫓아가면 도망가버리고 우리가 도망가면 우리를 쫓아온다. 누군가에게 복수하는 가장 영리한 방법은 그 사람을 무시하는 것이다. 현명한 사람은 절대 펜으로 자신을 방어하지 않는다. 그러면 흔적이 남고 무례한 경쟁자를 응징하기보다는 미화하게 되기 때문이다. 보잘것없는 사람들은 교활하게 위대한 사람의 반대편에 선다. 유명해질 자격이 없으면서도 명성을 간접적으로 얻으려는 것이다. 훌륭한 경쟁자가 관심을 주지 않았더라면 알려지지 않았을 사람이 많다. 망각처럼 복수하기 좋은 방법도 없다. 다른 사람을 자신의 어리석음에 파묻는 것이다. 무례한 바보들은 영원히 유명해지려고 한 시대를 대표하는 경이로운 것이나 세계적으로 경이롭게 여겨지는 것에 불을 지른다. 천박한 소문이 잦아들게 하는 한 가지 방법은 소문을 무시하는 것이다. 그런 소문에 맞서 싸우면 불이익을 받을 것이고, 소

문을 믿으면 평판이 나빠질 것이다. 사람들이 당신을 모방하려
고 하는 것을 기분 좋게 생각하라. 그런 사람들의 입김이 가장 위
대한 완벽함도 변색시키거나 까맣게 만들 수도 있지만 말이다.

저속한 사람은
어디에나 있다

저속한 사람은 어디에나 있음을 명심하라. 코린트Corinth(배움과 세련됨의 상징으로 여겨지는 고대 그리스 도시)에도, 가장 명망 높은 집안에도 저속한 사람은 있다. 누구나 집에서 그런 사람들을 본다. 보통 집안에서 태어난 저속한 사람들도 있지만, 최상류층 출신의 저속한 사람들도 있다. 그런 사람들이 더 문제다. 그들은 저속함의 대명사로서 깨진 거울 조각처럼 사람을 다치게 할 수 있다. 바보처럼 말하고 다른 사람들을 무례하게 비난하기도 한다. 무지를 신봉하고, 백치 같은 짓을 지지하며, 질 낮은 소문을 갈망하는 사람들이다. 그런 사람들이 하는 말에 신경 쓰지 말라. 그들의 감정은 말보다 더 무시해도 좋다. 하지만 그들을 피하려면 어떤 사람들인지 알아야 한다. 그들의 저속한 행태에 동화하지 말고, 그런 저속함의 표적이 되지도 말라. 어리석은 행동은 전부 저속하며, 저속한 집단은 바보들로 이루어져 있다.

자제할 줄 알라

자제하라. 우연히 일어나는 일에 특히 자제력을 많이 발휘해야 한다. 열정의 갑작스러운 움직임에 신중한 사람의 균형이 무너진다. 이때 길을 잃을 위험이 있다. 사람은 몇 시간씩 무심한 태도를 보일 때보다 분노나 만족감이 순간적으로 치솟을 때 더 많이 움직이게 된다. 잘못하면 한순간 미친 듯이 날뛰었다가 평생 후회할 일이 생길지도 모른다. 교활한 자들은 신중한 사람을 잡으려고 이런 덫을 놓는다. 사태를 파악하고 상대의 생각을 알아보려는 것이다. 그들은 탁월한 재능이 있는 사람의 비밀을 캐내며 그의 본질을 간파한다. 그렇다면 이런 자들과 어떻게 맞서야 하는가? 자제력을 발휘하면 된다. 특히 갑자기 찾아오는 충동을 잘 이겨내야 한다. 흥분해서 경주마처럼 달려 나가지 않도록 숙고할 필요가 있다. 말을 타고도 현명할 수 있다면 모든 일에서 현명할 수 있다. 위험을 예측하는 사람은 조심스럽게 앞으로 나아간다. 흥분해서 던진 말이 당사자에게는 별일 아닐지 몰라도 그 말을 들은 사람은 마음이 무거워지고 생각이 많아질지 모른다.

어리석음 때문에
죽지 말라

어리석음으로 말미암아 죽지 말라. 현명한 사람은 대체로 이성을 잃고 나서 죽고, 어리석은 사람은 이성을 찾기 전에 죽는다. 바보처럼 죽는다는 것은 생각이 너무 많아서 죽는다는 뜻이다. 생각과 감정이 너무 많아서 죽는 사람들도 있고, 생각과 감정이 없어서 죽는 사람들도 있다. 어떤 사람들은 후회에 시달리지 않아서 바보 같고, 어떤 사람들은 후회에 시달려서 바보 같다. 아는 게 너무 많아서 죽는 것은 바보 같은 짓이다. 모든 것을 이해해서 죽는 사람들도 있고, 아무것도 이해하지 못해서 사는 사람들도 있다. 어리석음 때문에 죽는 사람이 많지만, 실제로 죽는 바보는 많지 않다. 애초에 인생을 살기 시작하는 바보가 몇 없기 때문이다.

흔한 바보짓에서
벗어나라

흔한 바보짓을 삼가라. 그러려면 분별력이 남달라야 한다. 관습상 흔한 바보짓이 허용되며, 개개인의 무지에는 저항했더라도 대중의 무지에는 저항하지 못한 사람들도 있다. 저속한 사람은 운이 아무리 좋아도 자신의 운에 만족하지 못하며 판단력이 아무리 떨어져도 신경 쓰지 않는다. 이런 사람은 자신의 행복에 만족하지 못해서 다른 이의 행복을 탐낸다. 현재를 사는 사람은 과거의 것을 칭찬한다. 마찬가지로, 여기 있는 사람은 저기에 있는 것을 칭찬한다. 과거가 더 좋아 보이고, 멀리 있는 것은 전부 더 소중히 여겨진다. 모든 것을 비웃는 사람은 모든 것을 슬퍼하는 사람만큼이나 어리석다.

진실을 다룰 줄 알라

진실을 다룰 줄 알아야 한다. 진실은 위험하다. 하지만 선한 사람은 진실을 말할 수밖에 없다. 바로 이때 뛰어난 기술이 필요하다. 사람의 정신을 다루는 훌륭한 의사는 진실을 달콤하게 만드는 데 신경을 많이 쓴다. 진실이 환상을 무너뜨릴 때 쓴맛이 너무 강하게 느껴지기 때문이다. 진실을 달콤하게 만들려면 능숙한 기술과 올바른 태도가 있어야 한다. 같은 진실을 이용해서 누군가는 아첨하고 누군가는 비난한다. 오늘의 문제를 마치 오래전에 있었던 문제처럼 다뤄야 한다. 똑똑한 사람에게 말할 때는 진실을 넌지시 언급하는 것만으로도 충분하다. 말이 필요 없을 때도 있다. 하지만 군주에게는 절대로 쓴 약을 줘서는 안 된다. 군주의 환상을 깨뜨리려면 약에 금칠하라.

천국에서는 모든 것이 기쁨이요,
지옥에서는 모든 것이 슬픔이다

천국에서는 모든 것이 기쁨이고, 지옥에서는 모든 것이 슬픔
이다. 그리고 그 사이에 있는 지구에는 기쁨과 슬픔이 공존한다.
우리는 양극단 사이에서 살면서 기쁨과 슬픔을 둘 다 느낀다. 운
은 언제든지 달라질 수 있다. 모든 일이 기쁠 수는 없고, 모든 일
이 힘들기만 할 수도 없다. 삶은 0이나 마찬가지다. 그 자체로는
아무것도 아니다. 하지만 삶에 천국을 더하면 의미가 커진다. 인
생의 우여곡절에 무심한 태도가 바로 신중한 태도다. 현명한 사
람은 새로운 일에 큰 관심을 보이지 않는다. 우리 인생은 한 편의
연극처럼 전개되기 때문에 좋게 끝나도록 신경 써야 한다.

기술의 핵심을
절대로 공개하지 말라

기술의 핵심은 감춰라. 훌륭한 스승은 학생들에게 이런 교묘한 비법을 교묘하게 가르친다. 스승은 항상 우월성을 유지하고 스승으로 남아야 한다. 자신의 기술을 공개할 때 기술을 이용하라. 무엇을 가르치거나 줄 때 그 원천이 바닥나지 않도록 조심하라. 그래야 명성을 유지하고 다른 사람들이 당신에게 계속 의지할 수 있다. 사람들을 가르치거나 그들이 원하는 것을 줄 때 그들의 기대치가 떨어지지 않게 해야 한다. 이때 완벽함은 조금씩 공개하는 것이 원칙이다. 중요한 것을 비축해두는 습관은 훌륭한 생활 수칙이자 성공 비법이다. 특히 고위직에 있는 사람이라면 꼭 염두에 둬야 할 내용이다.

남의 말에 전략적으로
반박할 줄 알라

반박하기! 이것은 사람들을 도발하기 좋은 방법이다. 이는 남들만 당황하게 만드는 것이다. 다른 이들의 말에 반박해서 그들이 흥분하도록 유도할 수 있다. 상대방의 말을 믿지 못한다는 사실을 보여주면 상대는 자기 비밀을 토해낸다. 이것은 비밀을 꼭꼭 숨겨두는 사람의 마음을 열 열쇠다. 이런 방식으로 매우 교묘하게 다른 이의 의지와 판단을 시험할 수 있다. 다른 사람이 던진 비밀스러운 말을 영리하게 무시하면 그의 가장 내밀한 비밀을 캐낼 수 있다. 비밀이 상대의 마음속 깊은 곳에 있다가 혀끝으로 점차 이동할 것이다. 거기서 교묘한 속임수라는 그물에 걸려 결국 우리 귀에 닿을 것이다. 신중한 사람이 상대에게 관심을 덜 보이면 상대는 주의력이 떨어져서 평소에 감춰둔 생각을 내보인다. 상대의 말을 전략적으로 의심하는 방법은 호기심 많은 사람이 쓸 수 있는 최고의 열쇠다. 이 열쇠로 원하는 정보를 찾아낼 수 있다. 가르침을 받을 때도 훌륭한 학생은 스승의 말에 반박한다. 그래서 스승이 더 열심히 설명하고 진실을 옹호하게 유도한다. 스승께 조심스레 이의를 제기하면 가르침이 더 완벽해질 것이다.

실수를 더 키우지 말라

실수를 증폭하지 말라. 한 가지 문제를 해결하려고 실수를 네 가지씩 저지르는 일이 많다. 거짓말 하나가 더 큰 거짓말로 이어지듯이 바보짓도 마찬가지다. 잘못된 목적을 지지하는 것은 언제나 나쁘며, 자기 실수를 숨길 줄 모르는 것은 더 나쁘다. 사람은 불완전한 것만으로도 고생하지만, 그런 면을 옹호하거나 악화시키면 더 큰 대가를 치르게 된다. 위대한 현인도 한 가지 실수는 할 수 있지만 두 가지는 안 된다. 현인도 잘못을 저지르기는 해도 상황을 개선하지 않고 그냥 놔두지는 않는다.

숨은 의도가 있는
사람을 조심하라

숨은 의도가 있는 사람을 조심해야 한다. 영리한 사람은 상대방의 주의력을 흐트러뜨려서 의지를 무너뜨린다. 의지가 약해지면 쉽게 패배할 것이기 때문이다. 영리한 사람은 원하는 것을 얻으려고 자신의 의도를 숨긴다. 그러고는 상대방과의 심리전에서 이기기 위해 상대방에게 집중한다. 이런 사람은 아무도 보지 못할 때 표적을 가장 정확하게 맞힌다. 상대방의 의도가 드러날 때까지 집중하라. 의도가 꼭꼭 숨어버리면 두 배로 경계해야 한다. 다른 사람들의 계획을 파악할 때는 신중해야 한다. 그들이 원하는 것을 향해서 쏜살같이 달려 나가는 모습을 주의 깊게 지켜보라. 상대방은 의도와 다른 걸 당신에게 제안할 것이다. 실제 의도가 밝혀지기 전에 그 근처를 빙빙 돌 것이다. 상대방이 양보할 때도 조심하는 것이 좋다. 때로는 당신이 이해했다는 사실을 다른 사람들이 이해하게 하는 것이 최선이다.

자신을 명확하게
표현하라

사람들이 알아듣기 쉽게 당신의 생각을 생생히 전달하라. 어떤 사람들은 생각은 잘해도 생각을 말로 온전히 표현하지 못한다. 표현의 명료성 없이는 정신의 산물인 생각과 판단이 세상 빛을 보지 못한다. 어떤 사람들은 주전자처럼 속에 담아둔 것이 많지만 밖으로 조금만 내보낸다. 반대로, 어떤 사람들은 자기가 생각하는 것보다 말을 더 많이 한다. 결단을 내릴 의지가 있는 것과 생각을 명료하게 표현할 줄 아는 것은 둘 다 뛰어난 재능이다. 이해력이 명쾌한 사람들은 찬사를 받는다. 하지만 혼란스러운 사람들도 존경받을 때가 많다. 아무도 그들을 이해하지 못해서 난해해 보이기 때문이다. 그래서 가끔 상스러운 말을 피하고 싶다면 일부러 모호하게 말하는 것도 나쁘지 않다. 하지만 우리조차 우리가 무엇을 말하는지 명확히 알지 못한다면 다른 사람들은 어떻게 우리 말을 알아듣겠는가?

영원히 사랑하지도,
영원히 증오하지도 말라

영원히 사랑하지도 말고, 영원히 증오하지도 말라. 오늘의 친구가 내일 최고의 적이 될 수 있다는 점을 잊지 말라. 이런 일은 실제로 일어나기 때문에 미리 조심해야 한다. 우정을 저버린 변절자에게 무기를 안겨줘서는 안 된다. 그 무기는 그 사람이 나중에 당신과 끔찍한 전쟁을 벌일 때 쓰일 것이다. 반대로, 적에게는 화해의 문을 열어둬라. 관용의 문이 가장 안전한 문이다. 복수의 쾌감이 고통으로 변하는 경우가 많고, 누군가를 해친 데서 오는 만족감이 아픔으로 변하는 경우도 많다.

고집스럽게 행동하지 말고
신중히 행동하라

고집스럽게 행동하지 말고 주의 깊게 생각하고 행동하라. 어떤 고집이든 도덕적으로 나쁘다. 고집은 일을 제대로 처리해본 적이 없는 열정의 산물이다. 모든 일을 전쟁으로 만들어버리는 사람들이 있다. 사교성이 떨어지는 강도 같은 사람들이다. 그런 사람들은 모든 일에서 다른 이들을 이기려 할 뿐 평화롭게 사는 법을 모른다. 그들이 통치자가 되면 더 골치 아파진다. 이런 통치자는 정부를 파벌로 나누고 아이처럼 말을 잘 들을 수 있는 사람들을 적으로 돌린다. 모든 일을 은밀하게 처리하길 원하고 자신의 계획을 성공 비결로 꼽기도 한다. 하지만 다른 이들이 이런 사람의 역설적인 면을 알아차리고 나면 화를 내고 그의 터무니없는 계획을 뒤집어엎는다. 그러면 통치자는 아무것도 이루지 못하고 문제만 잔뜩 일으키게 된다. 판단력이 망가지고 때로는 마음의 상처를 얻기도 한다. 그런 괴물들을 다루는 방법은 도망치는 것이다. 그들의 혐오스러운 본성을 감당하기보다 야만인들을 상대하기가 더 쉬울 것이다.

위선자로 알려지지 말라

위선자가 없어서는 안 될 시대이긴 하지만 위선자로 알려지지는 말라. 영악한 사람보다는 신중한 사람으로 알려지는 것이 낫다. 정직함이 고지식함으로 변하거나 영리함이 교활함으로 변해서는 안 된다. 교활해서 무섭다는 소리보다는 현명해서 존경스럽다는 소리를 듣는 것이 낫다. 정직한 사람은 사랑받지만 남에게 잘 속는다. 최고의 기술은 기만으로 여겨지는 그 무엇을 밝혀내는 것이다. 과거의 황금기에는 고지식한 사람이 많았고, 지금은 냉혹하고 교활한 사람이 많아졌다. 유능한 사람으로 여겨지는 것은 명예로운 일이다. 그런 평판은 자신감을 불어넣는다. 하지만 영악한 위선자로 여겨지는 것은 불신을 부른다.

사자 털이 없으면
여우 털이라도 걸쳐라

사자 털이 없다면 여우 털이라도 걸쳐야 한다. 시대를 따라
간다는 것은 시대를 이끈다는 뜻이다. 원하는 것을 얻는 사람은
절대로 명성에 흠집이 생기지 않는다. 힘이 부족할 때는 기술을
이용하면 된다. 왕이 이용하는 용기의 대로이든 기술의 지름길이
든 둘 중 하나를 골라라. 힘보다 요령으로 더 많은 것을 성취할
수 있다. 용감한 사람이 현명한 사람을 이긴 일보다 현명한 사람
이 용감한 사람을 이긴 일이 더 많다. 노력을 기울였는데도 원하
는 걸 얻지 못한다면 차라리 그것을 경멸하라.

자신은 물론 남의 품위를
손상하지 말라

성급한 태도로 창피를 당하거나 다른 사람을 창피하게 하지 말라. 항상 바보짓을 하기 직전인 사람들이 있다. 그런 사람들은 자신과 남의 품위를 훼손한다. 찾기는 쉬운데 어울리기는 어려운 사람들이다. 그들은 하루에도 짜증 나는 일을 백 가지씩 만들어 내며 사람들의 말에 반박하기 바쁘다. 무엇 하나 그들의 입맛에 맞지 않는다. 그런 사람들은 잘못된 판단력으로 모든 것에 퇴짜를 놓는다. 하지만 우리의 인내심과 신중함을 가장 시험에 들게 하는 사람은 무엇 하나 잘하지 못하면서 모든 것을 나쁘게 평가하는 자이다. 불만의 땅은 넓으며 괴물로 가득 차 있다.

조심스럽게 망설이는 것은
신중하다는 증거다

야수 같은 혀는 한번 속박에서 벗어나면 우리에 다시 가두기 어렵다. 혀는 영혼의 맥박과도 같아서 현명한 사람은 혀를 이용하여 영혼의 건강을 확인한다. 신중한 관찰자는 혀를 통해서 마음의 소리를 듣기도 한다. 문제는 가장 신중해야 할 사람이 가장 덜 신중하다는 것이다. 현명한 사람은 문제가 될 만한 상황이나 창피한 일에 휘말리지 않으며 자신을 능숙하게 다스리는 모습을 보여준다. 그런 사람은 자신의 길을 조심스럽게 걷는다. 야누스 Janus(로마 신화에 나오는 두 얼굴의 신)처럼 한쪽으로 치우치지 않고, 길을 아르고스처럼 세심하게 살핀다. 모모스Momus(그리스 신화에 나오는 불평과 비난의 신. 모모스는 사람을 만들 때 내밀한 생각을 들여다볼 수 있게 가슴에 작은 문을 만들지 않았다며 헤파이스토스Hephaestus를 비난했다)는 가슴에 창문이 있는 것보다 손에 눈이 있는 것을 더 좋아했을 것이다.

괴짜가 되지 말라

괴짜가 되어서는 안 된다. 허세 때문이든 경솔함 때문이든 마찬가지다. 기이한 행동으로 이어지는 이상한 특징이 있는 사람이 많다. 이런 특징은 훌륭한 차이점이라기보다는 결점에 가깝다. 얼굴에 있는 특별히 추한 흠으로 알려진 사람들도 있지만, 괴짜는 과장된 행동으로 알려져 있다. 괴짜라는 소리를 들으면 평판만 나빠질 것이다. 당신만의 엉뚱한 행동을 보고 비웃는 사람이나 짜증 내는 사람이 생길 것이다.

성미에 맞지 않는 일은
절대로 하지 말라

성미에 맞지 않는다면 하지 말라. 모든 일에는 두 가지 면이 있다. 칼도 칼날을 잡으면 다치고 칼자루를 잡으면 자신을 보호할 수 있다. 사람들에게 고통을 유발한 것 중에서 장점이 돋보였더라면 즐거움을 안겨줬을 것이 많다. 어떤 것이든 항상 장단점은 있다. 영리한 사람은 모든 것을 자신한테 유리하게 이용할 줄 안다. 무엇이든 다른 시각에서 보면 다르게 보인다. 그러니까 행복한 마음으로 바라보는 것이 좋다. 좋은 것과 나쁜 것을 혼동하지 말라. 이게 바로 모든 것에서 기쁨을 느끼는 사람도 있고 모든 것에서 슬픔을 느끼는 사람도 있는 이유다. 설령 운명이 바뀌더라도 이런 방법으로 자신을 확실하게 보호할 수 있다. 이것은 언제든 어떤 일에든 적용할 수 있는 훌륭한 삶의 규칙이다.

자신의 가장 큰 결점이
무엇인지 알라

자신의 치명적인 결점을 깨달아라. 재능이 있으면 결점도 있게 마련이다. 결점을 그대로 두면 결점이 폭군처럼 당신을 괴롭힐 것이다. 결점을 극복하려면 그것에 신경을 쓰면 된다. 결점을 파악하는 것이 첫걸음이다. 당신의 결점을 비난하는 사람들만큼이나 그 결점에 주의를 기울여라. 자신을 다스리기 위해서는 자신을 돌아봐야 한다. 한 가지 결점을 극복하고 나면 다른 결점들도 극복할 수 있을 것이다.

사람들의 호의를 얻어라

많은 사람이 자신의 본성대로 살지 않고 사회가 요구하는 대로 산다. 누구나 나쁜 일이 일어났다고 우리를 쉽게 설득할 수 있다. 가끔은 믿기 어려운 일도 있지만 대체로 나쁜 일은 믿기가 쉽기 때문이다. 우리가 가진 것의 대부분과 최선의 것은 다른 사람들의 존경심에 달렸다. 어떤 사람들은 옳은 편에 섰다는 것에 만족하지만, 그것만으로는 충분하지 않다. 성실한 태도도 중요하다. 다른 사람들을 기쁘게 하는 일은 노력은 적게 들면서 효과는 좋다. 행동은 말로 끌어낼 수 있다. 세계 어느 지역에서든 집에서 쓰는 자잘한 도구 중 1년에 한 번 이상 쓰이지 않는 것은 없다. 가치는 적을지 몰라도 꼭 필요한 도구다. 주제가 무엇이든 누구나 자신의 감정에 따라서 이야기한다는 것을 명심하라.

첫인상을
쉽게 믿지 말라

어떤 사람들은 처음으로 접하는 정보를 맹신한다. 나중에 듣게 되는 정보는 한 수 아래로 여긴다. 기만이 항상 제일 먼저 나타나기 때문에 진실을 위한 남는 공간은 없다. 당신에게 떠오르는 첫 번째 목표에 의지를 쏟아붓지 말고, 첫 번째 계획에 지적 능력을 전부 투입하지도 말라. 그랬다가는 깊이가 없는 사람이라는 소리를 들을 것이다. 새로 산 술통 같은 사람들이 있다. 통에 처음 따르는 술이 좋든 나쁘든 그 술의 향기가 통에 배는 것이다. 당신에게 이런 한계가 있다는 것을 남이 알면 이런 점을 교활하게 악용할 수 있다. 나쁜 의도가 있는 사람은 자신이 원하는 대로 정보를 비틀 수 있다. 따라서 언제나 무엇을 두 번 살펴볼 시간을 마련해야 한다. 알렉산드로스 대왕도 한쪽 귀는 반대쪽 이야기를 들으려고 남겨뒀다. 첫 번째 정보만 신경 쓰지 말고 두 번째와 세 번째 정보에도 관심을 기울여라. 쉽게 감탄하는 행동은 깊이가 부족하고 흥분에 사로잡히기 쉬운 성격임을 보여준다.

추잡한 소문을
퍼뜨리지 말라

남의 명성을 공격하는 사람으로 알려지지 말라. 다른 사람을 이용해서 웃기려고 하지도 말라. 그런 행동을 하는 건 쉽지만, 사람들의 미움을 살 우려가 있다. 잘못하면 모두가 당신에게 복수하려고 할 것이다. 모두가 당신을 나쁘게 말하면 그들의 수는 많고 당신은 한 명이기 때문에 당신이 쉽게 패할 것이다. 다른 사람들의 불행에서 즐거움을 느끼지 말라. 그 일에 대해서 의견을 밝히지도 말라. 사람들은 항상 남의 험담을 퍼뜨리는 자를 싫어한다. 위대한 사람들과 어울리더라도 추잡한 소문을 퍼뜨린다면 신중한 이가 아니라 오락거리를 제공하는 자로 여겨질 것이다. 남의 험담을 하고 다니면 결국 더 심한 소문을 듣게 될 것이다.

인생을 현명하게
계획하라

여러 일에 치여서 혼란스러운 상태로 계획하지 말고 올바른 예측과 판단으로 삶을 계획하라. 휴식 없는 인생은 고통스럽다. 마치 온종일 여행한 뒤 여관에서 쉬지 못하는 것과 같다. 사람은 다양한 것을 배울 때 인생이 즐거워진다. 그래서 아름다운 삶을 누리고 싶다면 처음에는 죽은 사람들과 대화하는 것이 좋다. 우리는 배움을 얻고 우리 자신을 알기 위해서 태어났다. 책을 읽으면 진정한 사람으로 거듭날 수 있다. 그다음에는 살아 있는 사람들과 시간을 보내라. 이 세상에 있는 좋은 것을 전부 눈에 담아라. 모든 것이 한 지역에 모여 있는 건 아니다. 신은 선물을 나눠줄 때 가장 못생긴 딸에게 가장 귀한 것을 주기도 했다. 그다음에는 자신에게 온전히 신경을 쏟아라. 인생을 철학적으로 사색하는 것이 가장 큰 기쁨이다.

너무 늦기 전에
눈을 떠라

무엇을 보는 사람이 전부 눈뜬 것은 아니며, 무엇을 보는 사람이 전부 자기가 보는 걸 이해하는 것도 아니다. 깨달음이 너무 늦게 찾아오면 안심이 되기보다는 슬픔이 느껴진다. 어떤 사람들은 더는 볼 것이 남지 않았을 때 비로소 보기 시작한다. 집과 일을 다 잃고 나서 자신을 찾는 것이다. 의지가 없는 사람에게 지식을 전수하기는 어렵고, 지식이 없는 사람에게 의지를 심어주기는 더 어렵다. 사람들은 이런 자를 눈먼 사람처럼 둘러싸고 조롱한다. 이런 자는 남의 조언에 귀 기울이지 않기 때문에 앞을 볼 수 있게 눈을 뜨지 않는다. 이런 어리석음을 부추기는 사람들도 있다. 자신의 존재가 거기에 달려 있기 때문이다. 눈 없는 주인을 둔 말은 불행하다. 그런 말은 절대로 토실토실하게 살이 찌지 않을 것이다.

절반만 완성된 것을
절대로 보여주지 말라

모든 것은 완성됐을 때 제대로 즐길 수 있다. 처음에는 무엇이든 형태가 없으며 그런 기형적인 모습이 사람들의 기억에 남을 것이다. 불완전한 것을 본 기억 때문에 훗날 완성된 모습을 봐도 즐거움이 줄어든다. 한눈에 커다란 물건을 보면 세세한 부분에 감탄하기는 어려워도 만족감은 커진다. 무엇이든 완성되기 전에는 아무것도 아니다. 완성에 가까워졌더라도 여전히 완성된 것은 아니다. 아무리 맛있는 요리라도 만드는 과정을 보면 식욕이 돋기보다는 역겨움이 올라온다. 위대한 대가는 자기 작품이 초기 단계에 있을 때 공개되지 않도록 조심한다. 이때 자연을 보고 배우면 도움이 된다. 작품이 멋져 보일 때까지는 함부로 보여주지 말라.

실용적인 사람이 되어라

생각만 하면서 인생을 살 수는 없다. 행동도 해야 한다. 너무 지혜로운 사람들은 속이기가 쉽다. 그들은, 놀라운 것은 많이 알지만 훨씬 더 유용한 일상적인 것은 잘 모르기 때문이다. 숭고한 것들을 살펴보느라 주변의 익숙하고 하찮은 것들을 간과한 탓이다. 지혜로운 사람들은 살면서 알아야 할 기본적인 것도 모르다 보니, 이런 것을 속속들이 아는 피상적인 사람들에게 조롱의 대상이 되거나 무지하다는 소리를 듣는다. 따라서 지혜로운 사람에게도 남에게 속거나 조롱당하지 않을 정도의 실용적인 면이 있어야 한다. 일상적인 일을 처리하는 방법을 배워라. 그것이 인생에서 가장 고상한 일은 아닐지 몰라도 가장 필요한 일이다. 지식이 실용적이지 않으면 무슨 소용이겠는가? 요즈음에는 인생을 사는 방법을 아는 것이 진정한 지식이다.

다른 사람들의 취향을
잘못 파악하지 말라

다른 사람들의 취향을 제대로 파악할 줄 알아야 한다. 그러지 못하면 사람들에게 기쁨보다 고통을 더 많이 안겨주게 된다. 어떤 이들은 호의를 얻으려고 노력하다가 사람들의 짜증만 부른다. 사람들의 성격을 제대로 이해하지 못했기 때문이다. 한 사람에게는 칭찬으로 들릴 말도 다른 사람에게는 모욕으로 들릴 수 있다. 잘못하면 도움이 되려고 했다가 공격을 하게 되는 식이다. 남을 기쁘게 해줄 때보다 불쾌하게 할 때 잃는 것이 더 많다. 기쁨을 가리키는 나침반을 잃어버리면 선물도 잃고 감사 인사도 못 받게 된다. 상대방의 성격을 이해하지 못하면 그 사람을 만족시킬 수 없다. 이것이 바로 어떤 사람들이 자기는 칭찬하고 있다고 생각하지만 실제로는 상대방을 모욕하게 되는 이유다. 그런 사람들은 상대방을 잘못 파악했기 때문에 그런 벌을 받아 마땅하다. 자신이 유창한 말로 상대방을 기쁘게 해준다고 착각하는 사람들도 있다. 하지만 실상은 말이 너무 많아서 상대방이 지겨워할 뿐이다.

자신의 명예를
다른 사람에게 맡기지 말라

자신의 명예를 다른 사람 손에 맡기지 말라. 꼭 그래야 한다면 그 사람의 명예를 저당 잡아라. 말을 너무 많이 하는 것에 대한 불이익과 침묵하는 것의 이점은 양측이 똑같이 나눠 가져야 한다. 명예가 걸린 일에서는 모두가 똑같이 이익을 나누고, 각자의 명예를 위해서라도 다른 사람들의 명예도 지켜줘야 한다. 다른 사람들에게 속마음을 털어놓지 않는 것이 좋다. 하지만 털어놓는다면 당신의 이야기를 들은 사람이 신중하고 주의 깊게 행동하도록 상황을 능숙하게 다뤄야 한다. 둘이 함께 위험을 부담하라. 그래야 이익을 공유할 수 있고, 상대방이 당신을 배신하지 않을 것이다.

남에게 부탁할 줄 알라

남에게 부탁할 줄도 알아야 한다. 어떤 사람들에게는 이것보다 어려운 일이 없고, 어떤 사람들에게는 이것보다 쉬운 일이 없다. 거절할 줄 모르는 사람들도 있다. 그런 사람들을 상대할 때는 아무런 기술도 필요 없다. 반대로, 남의 부탁을 곧바로 거절하는 사람들도 있다. 그런 사람들을 상대할 때는 기술을 총동원해야 한다. 무엇보다도 부탁하는 시기가 중요하다. 상대방이 기분이 좋을 때를 노려라. 상대방의 몸과 마음을 편안하게 해주고 나서 부탁하는 것이 좋다. 상대방이 주의 깊게 당신의 의도를 꿰뚫어 본 것이 아니라면 말이다. 사람들은 즐거운 날 호의를 잘 베푼다. 기쁨이 내면에서 외부로 흘러넘치기 때문이다. 다른 사람이 거절당하는 것을 봤다면 그날은 부탁하기를 포기하라. 상대방이 한 번 거절했으면 그다음에도 거절하기를 주저하지 않을 것이다. 상대방이 슬플 때를 노리는 것도 좋은 생각이 아니다. 부탁할 일이 생기기 전에 사람들이 당신에게 미리 빚을 지게 하는 것이 좋다. 하지만 야비하고 비도덕적이라 호의에 보답할 의무를 느끼지 못하는 사람들도 있으니 주의해야 한다.

나중에 보상해주지 말고
미리 호의를 베풀어라

나중에 보상해주지 말고 미리 호의를 베풀어야 한다. 이것은 매우 영리한 방법이다. 나중에 보상을 제공하는 대신 미리 호의를 베푸는 것은 고상한 면도 있다. 호의를 일찍 베풀면 좋은 점이 두 가지 있다. 호의를 받는 사람이 나중에 보답할 의무를 더 크게 느끼고, 의무감이 감사하는 마음으로 바뀐다. 이런 변화는 미묘하게 일어난다. 빚을 먼저 갚고 나중에 채권자에게 전해주는 식이다. 이런 전략은 의무감을 느낄 만큼 가정교육을 잘 받은 사람에게만 쓸 수 있다. 정직하지 못한 사람은 미리 낸 사례비가 보답의 원동력이 아니라 입에 물린 재갈이 된다.

당신보다 위대한 사람들과
비밀을 공유하지 말라

당신보다 위대한 사람과 비밀을 공유해선 안 된다. 그러면 좋을 것 같아도 당신의 처지만 위태로워진다. 위대한 사람들과 비밀을 털어놓는 친구가 되었다가 파멸한 이가 많다. 빵 껍질로 만든 숟가락처럼 금방 부서진 것이다. 군주의 비밀을 알게 되는 것은 특권이 아니라 부담이다. 많은 사람이 자신의 추함을 떠올리게 하는 거울을 깨뜨린다. 마찬가지로, 자신의 약한 모습을 본 이를 감당하지 못하는 사람이 많다. 당신이 누군가의 부정적인 모습을 봤다면 좋게 여겨지지 않을 것이다. 따라서 누군가가 당신에게 크게 신세 지는 일이 없게 해야 한다. 특히 권력자의 비밀은 모르는 편이 낫다. 위대한 사람에게 호의를 베푼 일로 가까이 지내는 것은 괜찮지만 호의를 얻은 일로 가까이 지내는 것은 위험하다. 친구가 털어놓은 비밀을 아는 것이 가장 위험하다. 남에게 자기 비밀을 말하는 사람은 스스로 노예가 되는 꼴이며, 이것은 군주가 감당하기 어려운 모독이다. 결국 잃어버린 자유를 되찾기 위해 군주는 모든 것, 심지어 이성마저도 짓밟을 것이다. 따라서 비밀은 듣지도 말고 말하지도 말라.

자신에게 어떤 점이
부족한지 파악하라

많은 사람이 완벽함의 경지에 이르는 데 필요한 점을 보완했더라면 완전해졌을 것이다. 어떤 사람들은 자잘한 것에 조금만 신경을 썼더라도 위대한 인물이 되었을 것이다. 진지한 면이 부족한 사람들도 있는데, 이런 점 때문에 그들의 위대한 재능이 빛을 보지 못한다. 한편, 상냥한 면이 부족한 사람들도 있다. 그런 사람들이 특히 권력을 쥐었을 때 가족과 친구들이 이런 점을 금방 눈치챈다. 어떤 사람들은 빠른 실행력이 부족하고, 어떤 사람들은 잠시 멈추고 생각하는 능력이 떨어진다. 이런 사람들이 자신의 결점을 알아차렸더라면 그걸 쉽게 고칠 수 있었을 것이다. 관심을 기울이면 새로운 습관이 제2의 천성이 될 수 있기 때문이다.

지나치게 똑똑하게
굴지 말라

똑똑한 것보다 신중한 것이 더 낫다. 지식은 무기와 같지만, 필요 이상으로 알면 칼끝이 오히려 뭉툭해진다. 날카로운 끝이 잘 휘거나 부러지기 때문이다. 상식 정도만 있는 편이 더 안전하다. 똑똑한 것은 좋지만, 많이 안다고 해서 세세하게 트집을 잡아서는 안 된다. 말이 길어지면 말다툼으로 이어질 수 있다. 필요한 만큼만 이성적으로 따지는 지혜로운 분별력이 있는 것이 낫다.

일부러 모르는 척하라

모르는 척하기! 가장 지혜로운 사람도 가끔 이 전략을 쓴다. 지혜롭지 않은 사람처럼 보이는 것이 최고의 지혜일 때가 있다. 무지할 필요는 없고 그저 무지한 척만 하면 된다. 바보들은 지혜에 별로 신경 쓰지 않으며, 미치광이는 온전한 정신에 별로 신경 쓰지 않는다. 따라서 상대방의 특성에 맞춰 이야기해야 한다. 바보를 연기하는 사람이 바보가 아니라 실제로 무지한 사람이 바보다. 기술을 사용하는 사람이 어리석을 수는 없기 때문이다. 다른 사람들의 사랑을 받으려면 멋진 옷이 아니라 당나귀 가죽을 걸쳐야 한다.

다른 사람을 두고
농담하지 말라

농담의 대상이 되는 것은 괜찮지만, 다른 사람을 두고 농담하지는 말라. 전자는 예의를 차리는 일이지만, 후자는 당신을 곤경에 빠뜨릴 수 있다. 파티에서 불편한 심기를 드러내는 이는 겉으로 보이는 것보다 더 야수 같은 사람이다. 훌륭한 농담은 듣기에 재미있는데, 그런 농담을 잘 받아들일 줄 아는 것도 재주다. 농담을 듣고 기분이 언짢은 티가 나면 다른 사람들도 짜증이 날 것이다. 농담을 멈추고 더는 농담할 기회를 주지 않는 것이 좋을 때가 온다. 농담을 잘못했다가 일이 크게 잘못되는 경우도 많다. 농담하는 것만큼 주의력과 기술이 많이 필요한 일이 없을 정도다. 농담을 시작하기 전에 상대방이 농담을 얼마나 잘 받아들일 수 있는지 따져보라.

승리의 기세를 이어가라

승리의 기세를 계속 이어가야 한다. 어떤 사람들은 힘을 전부 초반에 쓰고 어떤 일이든 끝맺지 못한다. 그런 사람들은 일을 시작하기는 하지만 변덕스러워서 오래 하지는 못한다. 일을 끝까지 해내지 못해서 남의 칭찬을 받을 기회도 찾아오지 않는다. 그런 사람들에게는 모든 것이 실제로 끝나기 전에 미리 끝나버린다. 스페인 사람들은 성미가 급하다고 알려져 있고, 벨기에 사람들은 인내심이 많다고 알려져 있다. 후자는 일을 끝내고, 전자는 일에 의해 끝내진다. 끝을 맺기 어려운 사람은 어려움을 극복할 때까지 노력을 쏟아붓고 거기서 만족감을 느끼기도 한다. 하지만 승리의 기세를 이어갈 줄 모른다. 그럴 능력이 되는데도 그럴 의지가 없다는 것을 증명하는 꼴이다. 이것은 항상 결점이 된다. 일할 때 안정성이 부족하다는 뜻이기 때문이다. 시작할 가치가 있는 일은 끝낼 가치도 있다. 끝낼 가치가 없다면 뭐 하러 시작하겠는가? 현명한 사람은 먹잇감 주위를 맴도는 데서 그치지 않고 사냥에 성공한다.

너무 순진한 사람이
되지 말라

너무 순진하게 굴지 말라. 뱀 같은 교활한 모습과 비둘기 같은 순수한 모습을 번갈아서 보여줘라. 정직한 사람만큼 속이기 쉬운 이도 없다. 거짓말을 절대로 하지 않는 사람은 남의 말도 쉽게 믿으며, 남을 절대로 속이지 않는 사람은 다른 이들도 쉽게 믿는다. 따라서 누군가가 속았다고 해서 그 사람이 항상 바보라는 뜻은 아니다. 다가올 위험을 잘 감지하는 사람들이 있다. 직접 화를 입고 인생의 교훈을 얻은 사람들과 남이 겪은 일을 보고 많이 배운 똑똑한 사람들이다. 곤경에서 벗어나려고 머리를 쓸 때만큼이나 어려움을 예측할 때도 주의를 많이 기울여야 한다. 너무 착해서 다른 사람들이 나빠질 기회를 줘서는 안 된다. 따라서 뱀 같은 면과 비둘기 같은 면을 겸비하는 것이 좋다. 괴물이 아니라 천재가 되어라.

244

사람들이 당신에게
빚을 지도록 하라

어떤 사람들은 자신이 얻은 이득을 마치 남의 이득처럼 포장한다. 자신이 도움받는 상황인데도 남에게 호의를 베푸는 것처럼 보이게 한다. 그런 사람들은 머리를 잘 써서 남에게 부탁하면서도 명예를 얻고 박수를 받으면서 이득을 챙긴다. 그들은 매우 똑똑해서 누가 호의를 베풀 차례인지 헷갈리게 하고, 실제로 누가 누굴 돕는 것인지 의심하게 한다. 간단한 칭찬으로 최고의 것을 얻기도 한다. 그런 사람들은 무엇을 좋아하는 모습을 보여주는 것만으로도 다른 사람들에게 명예와 찬사를 안겨준다. 그들은 다른 사람이 예의를 차릴 때도 자신이 감사해야 하는 상황에서 상대방이 자신에게 빚을 졌다고 느끼게 한다. 자기는 의무감을 느끼지 않으면서도 남에게는 의무감을 부여한다. 그들은 정치에도 능하며 매우 영리한 기술을 쓴다. 하지만 더 영리한 기술은 이런 기술을 쓰는 사람을 알아보고, 그 인물과의 거래를 무효로 만들고, 누군가의 명예를 돌려주고, 자기 이득을 다시 챙기는 것이다.

신선하고 독특한 관점

신선하고 독특한 관점이 있다는 것. 이런 관점은 능력이 뛰어나다는 증거다. 당신의 말에 절대로 반박하지 않는 사람을 높이 평가하지 말라. 그것은 그 사람이 당신을 좋아한다는 증거가 아니라 자기를 좋아한다는 증거다. 아첨에 속아 넘어가지도 말라. 아첨한 사람을 보상해주지 말고 그 사람을 경멸하라. 비판의 대상이 되는 것을 영광으로 생각하라. 특히 좋은 사람들을 나쁘게 말하는 이가 당신을 비판하면 기뻐하라. 당신의 작품이 모두를 즐겁게 한다면 괴로워해야 한다. 그것은 작품이 훌륭하다는 뜻이 아니다. 완벽함은 소수에게만 허락되기 때문이다.

쓸데없이 설명하지 말라

설명을 요구하지 않은 사람들에게 설명하지 말라. 설령 설명을 요구하더라도 필요 이상으로 설명해주는 것은 어리석은 짓이다. 굳이 먼저 변명을 늘어놓으면 잘못이 있다고 스스로 인정하는 꼴이다. 건강할 때 일부러 피를 뽑으면 병과 악의를 부를 수있다. 가만히 있어도 되는데 미리 변명하면 잠잠했던 의심이 고개를 든다. 신중한 사람은 의심의 눈초리 앞에서 절대로 눈을 깜빡이지 않는다. 그런 행동은 공격을 유도할 뿐이다. 따라서 단호하고 정정당당한 태도로 불신의 싹을 뽑아야 한다.

조금 더 알고 조금 더
자제하면서 살아라

조금 더 많이 알고 조금 더 자제하면서 살아라. 반대로 해야
한다고 말하는 사람들도 있다. 잘못된 일보다 제대로 된 휴식이
낫다. 우리의 것이라고 유일하게 부를 수 있는 건 시간뿐이다. 다
른 것이 무엇 하나 없는 사람도 시간은 있다. 누구에게나 인생은
소중하다. 그래서 기계적인 일이든 중요한 일이든 거기에 시간을
너무 많이 쏟는 것은 어리석은 짓이다. 일을 너무 많이 하지 말
고, 남을 너무 시기하지 말라. 그랬다가는 삶이 복잡해지고 정신
적으로 지쳐버릴 것이다. 이런 원칙을 배움에도 적용하려고 하는
사람들이 있다. 하지만 아무것도 모르면 인생을 살아갈 수 없다.

최신 소식에
집착하지 말라

최신 소식만 따르지 말라. 항상 마지막으로 들은 소식만 믿는 사람들이 있다. 쉽게 이성을 잃고 극단으로 치닫는 사람들이다. 그런 사람들은 감각과 욕구가 밀랍과 같아서 가장 마지막으로 접한 것만 자국이 남고 그 앞에 접한 것들은 흔적조차 남지 않는다. 그들은 쉽게 우리 편이 됐다가 쉽게 돌아선다. 모두가 그런 사람들을 각기 다른 색으로 채색한다. 그들은 자라지 않는 아이와 같아서 비밀을 털어놓기 적합한 상대는 아니다. 판단이나 애정 문제에서도 변덕을 부리며 의지도 약한 사람들이다.

일을 마무리해야 할 때
더 크게 벌이지 말라

마무리해야 할 때 일을 더 크게 벌이지 말라. 어떤 사람들은 초반에 쉬었다가 마지막에야 노력을 기울이고 지쳐버린다. 중요한 일부터 처리하고, 나중에 시간이 있으면 부차적인 일을 처리하라. 노력도 하기 전에 승리하려는 사람들이 있다. 어떤 사람들은 가장 시시한 것부터 공부하고, 자신에게 명성을 안겨주고 유용할 공부는 인생 말미까지 미룬다. 거액을 벌기 직전에 무대에서 사라지는 사람들이다. 배움을 얻고 인생을 사는 것도 방법이 중요하다.

반대로
추론할 때를 알라

반대로 추론할 때를 알아야 한다. 누군가가 우리에게 악의를 품고 말할 때가 바로 그럴 때다. 어떤 사람들은 뭐든지 반대로 말한다. 그들에게는 '예'가 '아니요'이며 '아니요'가 '예'이다. 그들이 무엇을 비판하면 그것을 높이 평가한다는 뜻이다. 자기가 탐내는 것이라서 다른 사람들이 눈독 들이지 못하게 하려는 술책이다. 꼭 좋은 말을 해야만 칭찬인 것은 아니다. 어떤 사람들은 좋은 것을 눈에 띄게 칭찬하지 않으려고 일부러 나쁜 것을 칭찬한다. 아무것도 싫어하지 않는 사람은 그 무엇도 좋아하지 않는 거나 마찬가지다.

인간의 수단과
신의 수단 모두를 이용하라

마치 신의 수단이 존재하지 않는 것처럼 인간의 수단을 이용
하라. 그리고 마치 인간의 수단이 존재하지 않는 것처럼 신의 수
단을 이용하라. 한 위대한 거장(예수회를 창설한 성 이냐시오 로욜라
Saint Ignatius of Loyola를 지칭한 것이다)이 들려준 조언인데, 설명이 따로
필요 없다.

자신만을 위해서도,
다른 사람들만을 위해서도 살지 말라

자신만을 위해서 살지 말고, 다른 사람들만을 위해서 살지도 말라. 둘 다 못된 독재자에게 시달리는 것과 같은 경험이다. 자신에게 완전히 속하려는 사람은 혼자 모든 것을 차지하려고 한다. 그런 사람들은 작은 것조차 양보할 줄 모르거나 안락함을 조금이라도 포기할 줄 모른다. 그러다 보니 다른 사람들의 호의를 얻을 수가 없다. 그런 사람들은 자신의 운을 믿으며 거짓된 안정감을 느낀다. 가끔은 다른 사람들에게 속하는 것도 나쁘지 않다. 그래야 다른 사람들이 당신에게 속할 수 있기 때문이다. 공직에 있는 사람들은 모두의 노예가 되어야 한다. 노파가 로마 황제 하드리아누스Hadrianus에게 말했듯이 그런 부담을 감당할 수 없으면 그 직책을 포기해야 한다. 반대로, 다른 사람들에게 완전히 속한 이들도 있다. 어리석은 사람은 항상 과하게 행동하며 극단으로 치닫는데, 참으로 불행한 경우다. 그런 사람들은 단 하루도, 단 한 시간도 온전히 자신의 것이라고 말하지 못한다. 자신을 다른 사람들한테 너무 과하게 내주기 때문이다. 이런 문제는 지식을 습득할 때도 나타난다. 그런 사람들은 남에게 필요한 지식은 전부 꿰고 있으면서도 자신에게 필요한 지식은 아무것도 모른다. 신중한 당신이라면 사람들이 당신을 찾는 이유가 당신을 위해서가 아니라 자신을 위해서임을 이해할 것이다. 그들의 관심사는 당신이 그들을 위해서 무엇을 해줄 수 있는지다.

자기 생각을
과하게 설명할 필요는 없다

사람들은 대체로 자신이 이해하는 것은 대수롭지 않게 생각하고 이해하지 못하는 것은 대단하게 여긴다. 가치 있는 일에는 어려움이 따라야 한다. 사람들은 당신을 이해하지 못할 때 더 높이 평가할 것이다. 상대방이 경의를 표하기를 바란다면 필요한 수준 이상으로 현명하고 신중한 척하라. 하지만 과장하지 말고 어느 정도 자제할 줄도 알아야 한다. 똑똑한 사람들은 지력 그 자체를 중시하지만, 보통 사람들은 거기에 약간의 복잡함이 가미되기를 원한다. 따라서 당신의 말이 무엇을 뜻하는지 사람들이 계속 추측하게 하고, 그들이 당신을 비난할 기회를 주지 말라. 이유도 모르면서 누군가를 칭찬하는 사람이 많다. 감춰진 것이나 신비로운 것이라면 뭐든지 대단하게 생각하는 사람들이다. 그저 다른 사람들이 칭찬하는 걸 듣고 똑같이 칭찬하는 것이다.

작은 악이라도
무시하지 말라

작은 악일지라도 무시해서는 안 된다. 악은 행복과 마찬가지로 절대로 혼자 오지 않고 줄줄이 이어서 찾아오기 때문이다. 행복과 불행은 동지가 있는 곳에 나타나길 좋아한다. 그래서 사람들은 대체로 불행한 사람에게서 도망치고 행운이 따르는 사람에게 다가간다. 심지어 단순하게 생각할 비둘기조차도 가장 하얀 비둘기장을 향해 날아간다. 불행한 사람은 아무것도 갖지 못했다. 자신도 없고, 이성도 없으며, 위로받을 구석도 없다. 잠든 불행을 깨우지 말라. 살짝 미끄러지는 실수는 처음에는 별일이 아니다. 하지만 그러다가 끝이 없는 치명적인 추락이 이어진다. 완벽한 행복이란 없듯이 불행의 끝도 알 수 없다. 하늘에서 내려온 불행은 인내심으로 다스리고, 땅에서 찾아온 불행은 신중함으로 다스려라.

선을 행할 줄 알라

좋은 일을 한 번에 조금씩, 자주 하라. 호의를 베풀 때 상대방이 보답할 수 없는 수준을 넘지 말라. 너무 많이 베푸는 사람은 베푸는 것이 아니라 파는 것이다. 사람들이 고맙게 생각하는 마음이 없어질 때까지 베풀지 말라. 그들이 은혜를 다 갚지 못하리라는 사실을 알고 나면 연락을 끊어버릴 것이다. 너무 큰 빚을 지게 하면 사람들이 떠나버린다. 호의에 보답하기 싫은 사람은 당신에게서 점점 멀어지고 결국 적으로 변할 것이다. 우상은 자기를 조각한 조각가를 보고 싶어 하지 않는다. 마찬가지로, 호의를 받은 사람도 그것을 베푼 사람을 보고 싶어 하지 않는다. 따라서 호의를 베푸는 것에 관한 이 미묘한 교훈을 명심하라. 상대방이 기뻐할 선물은 그 사람이 원하는 것이되, 비용이나 노력은 적게 드는 것이다.

바보 같은 사람들에
대비하라

무례한 사람, 고집이 센 사람, 허영심이 많은 사람 등 바보의 유형은 다양하다. 어리석은 사람이 워낙 많아서 신중하게 살아야 그런 자를 전부 피할 수 있다. 매일 신중이라는 거울 앞에서 자신을 방어할 무기를 지니고 각오를 다져라. 그러면 바보들의 공격을 막아낼 수 있다. 앞을 내다보고 천박한 우연에 명성을 걸지 말라. 신중함으로 무장한 사람은 바보들에게 공격당하지 않는다. 인간관계는 끝이 뾰족한 암초로 가득하다. 그래서 암초에 부딪히는 배처럼 평판도 무너질 수 있다. 가장 안전한 방법은 율리시스 Ulysses(선원들이 세이렌의 노래 때문에 목숨을 잃지 않도록 영리하게 이끈 그리스 왕)에게 지혜를 구하며 경로를 바꾸는 것이다. 바로 이때 교묘한 회피 기술이 필요하다. 하지만 가장 중요한 것은 너그러움과 예의를 갖추는 일이다. 이 두 가지가 어려운 상황에서 벗어나는 가장 빠른 길이다.

험하게 절교하지 말라

극단적으로 절교하지 말라. 그랬다가는 당신의 명성이 무너질 것이다. 누구나 적이 될 수 있지만, 아무나 친구가 되지는 못한다. 우리에게 도움을 줄 수 있는 사람은 적고, 거의 모두가 우리에게 해를 입힐 수 있다. 이솝 우화에 나오는 독수리는 딱정벌레와 다툰 날 주피터Jupiter의 품에 알을 맡기고 나서도 안전하다고 느끼지 못했다. 말을 너무 퉁명스럽게 했다가는 기회가 오기를 기다렸던 위선자들의 분노를 살 것이다. 기분이 상한 친구가 가장 무서운 적이 된다는 점을 명심하라. 그런 사람들은 자신의 결점을 남의 결점으로 덮는다. 우리가 누구와 헤어진 것을 본 사람들은 각자 느끼는 대로 말하고 원하는 대로 생각할 것이다. 그런 사람들은 우리가 그 사람과 친해지기 시작했을 때 앞을 내다보지 못했다고 비난하거나 우정이 끝나갈 때 인내심이 부족했다고 비난할 것이다. 어쩔 수 없이 절교를 택해야 한다면 용납할 만한 부드러운 방법을 써라. 분노를 폭발시키지 말고 서서히 멀어지는 것이 좋다. 적기에 후퇴하는 것이 중요하다.

불행에 처했을 때
도와줄 사람을 찾아라

불행해질 때 도와줄 사람을 찾아라. 그러면 위험한 상황에서도 절대로 혼자 남지 않을 것이고, 다른 사람들의 증오도 전부 감당할 필요가 없다. 혼자 모든 것을 통제하길 원하는 사람들도 있는데, 그랬다가는 비난도 전부 혼자 감당해야 한다. 따라서 당신을 용서하거나 당신이 어려움을 감당하도록 도울 수 있는 사람을 찾아라. 운명이나 폭도도 두 명을 공격할 만큼 빠르지는 못하다. 환자를 치료할 때 실수한 의사도 그 환자가 잠든 관을 같이 들어줄 사람을 찾는다. 죽음의 무게와 슬픔을 누군가와 함께 나누는 것이다. 혼자 짊어지는 불행은 견디기가 두 배로 힘들기 때문이다.

공격을 예측하고
그것을 호의로 바꿔라

공격을 예측하고 그 적의를 호의로 바꿀 줄 알아야 한다. 나중에 복수하는 것보다 공격을 미리 막는 것이 더 현명하다. 잠재적인 경쟁자를 절친한 친구로 만드는 데는 대단한 기술이 필요하다. 상황이 달랐다면 당신의 명성을 공격했을지도 모르는 사람들이 이제는 명성을 지켜주는 것이다. 다른 사람들이 당신에게 빚을 지게 하고, 우리를 모욕하는 데 썼을 시간을 감사하는 마음으로 채울 줄 아는 것은 가치 있는 기술이다. 슬픔을 즐거움으로 바꿀 수 있다는 것은 인생을 살 줄 안다는 뜻이다. 악의 그 자체를 당신의 친구로 만들어라.

사람들도 당신을, 당신도 사람들을
완전히 소유할 수 없다

사람들도 당신을 완전히 소유할 수 없고, 당신도 사람들을 완전히 소유할 수 없다. 가족이나 친구뿐만 아니라 우리에게 큰 빚을 진 사람들도 이런 사실을 바꾸지 못한다. 누군가에게 경의를 표하는 것과 비밀을 털어놓는 것은 완전히 다른 문제다. 아무리 가까운 사이여도 꼭 지켜야 하는 예외적인 규칙이 있어서 서로 공손하게 대해야 한다. 우리는 친구에게도 비밀을 한두 가지 감추고, 아들조차 아버지에게 모든 것을 밝히지 않는다. 한 사람에게는 해준 이야기를 다른 사람에게는 하지 않을 때도 있다. 따라서 누구에게 비밀을 털어놓느냐에 따라서 우리는 모든 것을 고백하기도, 모든 것을 숨기기도 한다.

어리석은 짓을
계속하지 말라

어리석은 짓을 되풀이하지 말라. 자기가 저지른 실수에 전
념하는 사람들이 있다. 잘못된 길로 들어선 줄 알면서도 그 길
을 계속 가면 자신의 강인함을 보여줄 수 있으리라고 생각하는
것이다. 속으로는 실수를 후회하지만, 겉으로는 실수를 합리화
한다. 처음에 어리석게 굴기 시작할 때는 조심성이 부족하다는
소리를 듣는다. 그러다가 바보짓을 계속하면 정말 바보라는 소리
를 듣는다. 경솔했던 약속이나 잘못된 결심이 우리를 옭아매서
는 안 된다. 그런데도 어떤 사람들은 어리석은 행동을 계속하고
바보로 남기를 원한다.

잊어버릴 줄 알라

잊어버릴 줄도 알아야 한다. 이것은 기술보다 운이 더 많이 필요한 일이다. 가장 확실하게 잊혀야 할 일이 하필 가장 쉽게 기억된다. 비열하게도 기억은 필요할 때 떠오르지 않다가 바보처럼 떠오르지 말아야 할 때 떠오른다. 우리에게 고통을 줄 때는 적극적이고, 기쁨을 줄 때는 태만하기도 하다. 근심 해결에 가장 좋은 치료법이 망각일 때가 있다. 하지만 우리는 그 치료법을 잊어버리고 만다. 따라서 기억을 훈련해야 한다. 기억이 좋은 습관을 들일 수 있도록 도와줘라. 기억이 우리에게 천국을 선사할 수도, 지옥을 내려줄 수도 있기 때문이다. 자기에게 만족하는 사람들은 바보 같을 만큼 순진하게 늘 소소한 행복을 느끼면서 산다.

좋은 것은 다른 사람이
소유할 때 더 좋다

좋은 것은 다른 사람이 소유할 때 더 많이 즐길 수 있다. 첫날은 좋은 것을 소유한 당사자에게 즐거움이 깃든다. 하지만 그다음부터는 즐거움이 다른 사람들에게로 옮겨 간다. 다른 사람들이 좋은 것을 소유할 때 우리가 그걸 두 배로 즐길 수 있다. 그걸 잃을 위험은 없는 상태에서 새로운 그 무엇을 접하는 기쁨만 누리는 것이다. 모든 것은 결핍됐을 때 맛이 더 좋다. 그래서 다른 사람의 우물에서 퍼 올린 물이 신들이 마시는 신비로운 술처럼 느껴진다. 무엇을 소유하면 즐거움은 줄어들고 짜증은 늘어난다. 그것을 사람들에게 빌려주든 빌려주지 않든 마찬가지다. 무엇을 소유한다는 건 다른 사람들을 위해서 그것을 관리한다는 뜻이다. 게다가 친구보다 적이 당신의 소유물을 더 많이 즐길 것이다.

단 하루도
경솔해서는 안 된다

단 하루도 경솔하게 행동하지 말라. 운명은 장난치기를 좋아한다. 그래서 우리가 방심한 사이에 우리를 공격할 기회만 엿본다. 지성, 신중함, 용기, 심지어 지혜조차도 시험에 들 준비를 해야 한다. 가장 자신만만한 날이 가장 위험한 날이다. 가장 조심해야 할 때 조심성이 가장 부족해진다. 생각이 모자라서 결국 파멸에 이르는 것이다. 그래서 군사 전략 중에는 준비가 안 된 상태에서 완벽함을 시험해보는 것이 있다. 우리가 능력을 과시하는 날을 운명은 알고 있다. 그런 날은 교활해봤자 아무 소용도 없다. 운명은 우리가 시험에 들리라고 전혀 생각하지 못하는 날을 선택한다.

당신에게 의지하는 사람들을
어려운 상황으로 내몰아라

당신에게 의지하는 사람들을 어려운 상황에 몰아넣어라. 적
절한 때 위험에 처하고, 그 덕분에 진정한 사람으로 거듭난 이가
많다. 익사할 위험이 있을 때 수영을 배우는 것과 같은 이치다.
이런 방식으로 많은 사람이 자신의 진가를 발견하고 자기가 얼
마나 많이 알고 있는지 깨닫게 되었다. 만일 모험할 필요가 없었
더라면 그들의 이런 새로운 면이 전부 묻히고 말았을 것이다. 어
려운 상황에 놓이는 것은 명성을 얻을 기회다. 성품이 고결한 사
람은 명예가 위태로워지면 다른 수천 명보다 더 많은 일을 할 수
있다. 가톨릭 신자이던 이사벨라Isabella 여왕은 다른 수많은 교훈
과 마찬가지로 이 교훈 역시 잘 알고 있었다. 그 덕택에 콜럼버스
Columbus가 대륙을 탐험해서 명성을 떨칠 수 있었고 다른 사람들
도 불멸의 명성을 얻었다. 이런 교묘한 방식으로 여왕은 훌륭한
인물을 여러 명 양성했다.

너무 착하게 살려다가
나빠지지 말라

너무 착하게 살려다가 오히려 나빠지지 말라. 화를 한 번도 내지 않으면 결국 나쁜 사람이 될 것이다. 아무것도 느끼지 않는 이는 사람이라고 보기 어렵다. 그렇다고 해서 이런 사람이 항상 아무것도 느끼지 못해서 그렇게 행동하는 것은 아니다. 그저 어리석어서 그런 경우가 많다. 상황이 허락할 때 강렬한 감정을 느낀다는 것은 당신이 사람이라는 증거다. 심지어 새들도 허수아비를 비웃는다. 쌉쌀함과 달콤함을 골고루 느끼는 이가 안목이 높은 사람이다. 달콤함만 느끼는 사람은 아이와 바보들뿐이다. 너무 착하게 살려다가 무감각의 늪에 빠지는 것은 실로 끔찍한 일이다.

부드러운 말을
상냥하게 전달하라

화살은 몸을 관통하고, 나쁜 말은 영혼을 관통한다. 달콤한 사탕을 먹으면 입에서 좋은 냄새가 나듯이 말을 달콤하게 하면 말하는 사람도 기분이 좋아진다. 사람들에게 말, 즉 공기를 팔려면 교묘한 기술이 있어야 한다. 거의 모든 일에 마치 돈을 내듯이 말을 지불해야 하며, 천 냥 빚도 말로 갚을 수 있다. 그러니까 사람들이 자만하거나 엉뚱한 생각을 하면 공기를 이용해서 그들을 상대하면 된다. 군주의 입김은 유달리 설득력이 있다. 입에 설탕을 가득 물고서 적조차 좋아할 만큼 말을 달콤하게 하라. 사랑받을 유일한 방법은 상냥하고 예의 바른 사람이 되는 것이다.

268

현명한 사람은 어리석은 사람이 나중에 하는 일을 일찍 한다

현명한 사람과 어리석은 사람은 똑같이 행동한다. 두 사람의 차이는 그 행동을 하는 시점이 다르다는 것이다. 현명한 사람은 적합한 시기에 행동하고, 어리석은 사람은 잘못된 시기에 행동한다. 한번 잘못 생각하기 시작하면 나머지 일도 전부 반대로 하게 될 것이다. 머릿속에 갖고 있어야 할 것을 발로 짓밟고, 왼쪽으로 돌아야 할 때 오른쪽으로 돌고, 오른손잡이가 왼손잡이처럼 행동하게 된다. 이때 상황을 파악하기 좋은 방법은 딱 한 가지다. 최대한 빨리 파악하는 것이다. 그러지 못하면 즐겁게 할 일도 억지로 해야 한다. 현명한 사람은 무엇을 해야 하는지 곧바로 알아차린다. 그리고 그 일을 즐겁게 해서 자신의 명성을 높인다.

당신이 새로운 인물이라는
점을 이용하라

당신이 새로운 인물인 이상 사람들의 존경을 받게 될 것이다.
새로운 것은 다양성에 보탬이 되기 때문에 모두를 즐겁게 한다.
감각에 활력을 불어넣는 것이다. 새로 온 평범한 사람은 이미 익
숙해진 엄청나게 재능 있는 사람보다 더 높이 평가받는다. 탁월한
능력도 자꾸 보면 금세 시시해 보인다. 하지만 새로운 인물이 누리
는 영광은 오래가지 않는다. 나흘만 지나도 사람들은 당신에 대한
존경심을 잃을 것이다. 따라서 존경받는 짧은 기간을 잘 이용해야
한다. 존경심이 사라질 때도 마지막으로 뭐든 붙잡아라. 새로운
것의 따끈따끈한 매력이 사라지고 나면 열정은 차갑게 식고 즐거
움은 짜증으로 변한다. 모든 것에는 전성기가 있고 그 시기가 금
방 지나간다는 점을 절대로 의심하지 말라.

인기 많은 것을 두고
혼자 비난하지 말라

    인기 많은 것을 혼자만 비난하지 말라. 그토록 많은 사람을 즐겁게 해준다면 뭔가 좋은 점이 있을 것이다. 인기가 많은 이유를 설명하기 어렵더라도 사람들이 즐거워한다는 사실은 분명하다. 특이한 것은 언제나 미움을 사고 일이 잘못되면 웃음거리로 전락한다. 인기 많은 것을 경멸하면 사람들이 당신을 경멸할 것이다. 안목이 낮은 당신만 혼자 덩그러니 남을 것이다. 따라서 무엇이 좋은지 모를 때는 조용히 있는 편이 낫다. 인기 있는 것을 곧바로 비난하지 말라. 낮은 안목은 대체로 무지에서 비롯된다. 모두가 말하는 것은 실제로 그런 상황이거나 곧 그렇게 될 것이다.

아는 것이 적을 때는
가장 안전한 길을 고수하라

아는 것이 적다면 가장 안전한 길을 고수하라. 그러면 기발
하다는 소리는 못 들어도 믿음직하다는 소리는 들을 것이다. 아
는 사람은 위험 부담을 감수하고 환상에 빠질 수 있다. 하지만
아무것도 모르면서 위험 부담을 감수하는 것은 실패를 자초하
는 꼴이다. 잘 모를 때는 오른쪽으로 붙어서 가라. 많은 사람이
시도해보고 안전하다고 검증한 길은 무너지지 않을 것이다. 아는
것이 적으면 가장 큰길로 가면 된다. 무엇을 알든 모르든 별난 것
보다는 확실한 게 더 안전하다.

예의를 갖추면 다른 사람들이
의무감을 더 크게 느낀다

이기적인 사람의 요구와 너그럽고 감사할 줄 아는 사람의 답례를 비교할 수는 없다. 예의는 단순히 깍듯하게 말하는 것이 아니라 사람들을 하나로 묶어주는 기능을 한다. 정중한 말이나 행동은 의무감을 더 크게 느끼도록 한다. 고결한 사람에게는 공짜로 주어진 것만큼 비싼 게 없다. 이런 것은 각기 다른 가격에 두 번 팔 수 있다. 그 가치 그대로 팔 수도 있고, 예의를 얹어서 더 비싸게 팔 수도 있다. 하지만 악랄한 사람에게는 정중한 태도가 아무런 의미도 없다. 그런 사람은 가정교육을 잘 받은 사람의 언어를 이해하지 못하기 때문이다.

상대방의 의도를 알려면
그의 성격을 파악하라

원인을 알면 결과를 알 수 있다. 결과는 우리에게 동기를 알려 준다. 우울한 사람은 언제나 불행이 닥치리라고 생각하고, 험담을 일삼는 사람은 언제나 추문이 퍼지리라고 생각한다. 그런 사람들은 앞으로 닥칠 최악의 상황만 생각하고 현재의 좋은 상황은 보지 못한다. 그저 어떤 악이 찾아올 것인지 예측하기 바쁘다. 흥분에 사로잡힌 사람은 상황을 제대로 파악하고 이야기하지 못한다. 이성이 아니라 흥분이 그 사람을 지배하기 때문이다. 각자 자신의 감정과 기분에 따라서 말하다 보니 내용이 전부 진실과 크게 다를 수밖에 없다. 누군가의 얼굴을 보고 그 사람의 성격을 파악할 줄 알라. 항상 웃는 사람은 어리석은 자이고, 절대로 웃지 않는 사람은 거짓된 자이다. 당신에게 언제나 질문을 던지는 사람을 조심하라. 수다쟁이라서 소문을 퍼뜨릴 수도 있고, 염탐꾼일 수도 있다. 추한 사람에게서 많은 것을 바라지 말라. 그런 사람들은 자신에게 아름다움을 선사하지 않은 자연에 복수하길 좋아한다. 대체로 사람은 아름다울수록 어리석음이 깊다.

매력적인 사람이 되어라

매력적인 사람이 되어야 한다. 매력에는 지혜가 담긴 마력이 있다. 매력과 예의를 동원해서 다른 사람들의 호의와 도움을 얻어라. 다른 사람들을 즐겁게 할 줄 모르면 공로를 세우는 것만으로는 충분하지 않다. 사람들은 우아하고 매력적인 이를 칭찬한다. 다른 사람들을 다스릴 때 가장 유용하게 쓸 수 있는 도구는 그들이 당신에게 보이는 존경심이다. 사람들이 당신에게서 매력을 느낀다면 운이 좋은 것이다. 하지만 타고난 매력에 기술을 더하면 효과가 더 좋아진다. 매력은 자비심으로 이어지고 결국 여러 사람의 호의로 이어질 것이다.

세상의 풍조를 따르되
품위를 잃지 말라

세상의 풍조를 따르되 품위를 유지하라. 항상 심각하거나 짜증 난 것처럼 보이지 말라. 그것도 일종의 예의다. 사람들의 호의를 얻으려면 점잖은 면을 약간 내려놓기도 해야 한다. 가끔은 많은 사람이 걷는 길을 똑같이 걸어도 된다. 다만 품위를 잃지 않는 선에서 그래야 한다. 공개적인 자리에서 바보 취급을 당한 사람이 사적인 자리에서 현명하리라고 기대하는 사람은 없다. 사람들이 몇 년 동안 진지하게 노력해서 얻은 것보다 하루 즐겁게 농담하고서 잃은 것이 더 많을지도 모른다. 그렇더라도 항상 남들과 동떨어져 있는 사람이 되지는 말라. 괴짜처럼 구는 것은 다른 사람들을 비난하는 것이나 마찬가지다. 너무 까다롭거나 민감하게 굴지 않는 것이 좋다. 심지어 종교적인 문제로 까다롭게 구는 것도 터무니없는 일이다.

자연과 예술의 도움으로
성격을 개선하라

자연과 예술의 도움으로 성격을 바꿔보라. 사람의 성격은 7년에 한 번씩 바뀐다고 한다. 이런 변화를 이용해서 안목을 높여라. 인생의 첫 7년이 지나면 이성적인 판단이 가능해진다. 그 후로 7년마다 새로운 완벽함을 하나씩 추가하는 것이 좋다. 이런 변화를 자세히 관찰하고 거기에 힘을 보태라. 다른 사람들도 더 나은 인물이 되기를 기대하라. 사람들은 지위나 직업이 달라질 때 행동에 변화가 많이 나타난다. 때로는 변화가 얼마나 컸는지 보일 때가 되어서야 변화가 일어났음을 알아차린다. 사람은 20세에는 공작새, 30세에는 사자, 40세에는 낙타, 50세에는 뱀, 60세에는 개, 70세에는 원숭이가 되며 80세에는 그 무엇도 아니게 될 것이다.

재능을 지혜롭게
자랑하라

누구에게나 전성기는 있다. 기회가 매일 찾아오는 것이 아니니 왔을 때 놓치지 말아야 한다. 가진 것이 적은데도 진정으로 빛나는 사람들이 있다. 가진 것이 많아서 사람들이 감탄할 만큼 밝게 빛나는 이들도 있다. 재능도 있고 그런 재능을 돋보이게 하는 재능도 있다면 천재라는 소리를 들을 것이다. 자랑하는 솜씨가 좋은 나라들이 있는데, 스페인이 그중 최고다. 신은 세상을 만들자마자 빛을 밝히고 세상을 자랑했다. 자랑은 만족감을 안겨주고, 부족한 것을 채워주며, 모든 것에 두 번째 의미를 부여한다. 특히 실제로 뛰어난 재능을 자랑할 때 효과가 좋다. 완벽함을 선사한 신은 우리가 재능을 자랑하도록 격려한다. 자랑할 때도 기술이 있어야 한다. 가장 탁월한 재능도 상황에 달려 있으며 항상 적합한 것은 아니다. 재능을 과시하는 것도 시기가 적절하지 않으면 효과가 없다. 너무 으스대는 모양새로 과시하지 말라. 과시하는 것 자체가 허영심에 가깝고, 허영심은 경멸의 대상이 되기 쉽다. 자랑할 때도 절제할 줄 알아야 한다. 그래야 저속해지지 않을 수 있다. 현명한 사람들은 재능을 과도하게 자랑하는 것을 곱게 보지 않는다. 점잖게 자랑하려면 조용히 말하고 약간 무심한 척해야 한다. 재능을 지혜롭게 감추는 것이 사람들의 칭찬을 끌어내는 최고의 방법이다. 원래 눈에 안 보이는 것이 호기심을 최고로 자극하는 법이다. 당신의 완벽함을 한 번에 다 보여주지 말고 조금씩 나눠서 보여줘라. 매번 새로운 것을 조금씩 더해서 보여주려면 기술이 필요하다. 모든 공로는 더 큰 공로로 이어져야 하며, 처음에 박수받은 공로 덕택에 사람들의 기대치가 높아져야 한다.

쓸데없이 남의 관심을
끌지 말라

필요 이상으로 남의 관심을 끌지 말라. 그런 행동을 하는 것을 다른 사람들이 눈치채면 장점이 결점으로 전락해버린다. 그러면 혼자 남겨진 채 괴짜라고 비난받을 것이다. 아름다움조차 지나치면 명성에 해가 된다. 당신의 아름다움 때문에 다른 사람들이 주저한다면 그것은 불쾌한 일이다. 꼴사나운 기행도 마찬가지다. 다만 불쾌감이 더 클 뿐이다. 악덕 행위로 알려지고 싶은 사람들도 있는데, 그들은 악명을 얻을 새로운 방법을 찾아 나선다. 심지어 똑똑한 말을 할 때도 자제력이 부족하면 수다스러워질 수 있다.

반박하는 사람에게
설불리 반응하지 말라

　당신의 의견에 반박하는 사람에게 섣불리 반응해선 안 된다. 일단 그들이 똑똑한 것인지 천박하게 구는 것인지 알아내라. 사람들이 항상 고집 때문에 그렇게 행동하는 것은 아니며, 그것이 그냥 술책에 불과할 때도 있다. 따라서 당신이 상대하는 사람들이 어떤 유형에 속하는지 관찰하라. 전자면 거기에 휩쓸리지 말고, 후자면 그들에게 멸시당하지 말라. 가장 조심해야 할 때는 바로 첩자를 경계할 때다. 누군가가 사람들의 마음을 열 열쇠를 갖고 있다면 문 반대편에서 열쇠 구멍에 '주의'라는 열쇠를 꽂아두면 된다.

믿음직한 사람이 되어라

믿음직한 사람이 되어야 한다. 이제 행실이 바른 사람도, 고마움에 보답하는 사람도, 약속을 지키거나 상대방을 수준에 맞게 대우해주는 사람도 별로 없다. 세상 어디에서든 노력을 많이 해도 제대로 보상받지 못한다. 아예 다른 사람들을 나쁘게 대우하려는 국가들이 있을 정도다. 어떤 국가는 배신할 위험이 있고, 어떤 국가는 변덕을 부릴 위험이 있다. 또 어떤 국가는 속임수를 쓸 위험이 있다. 다른 사람들의 나쁜 행동을 눈여겨보라. 모방하기 위해서가 아니라 그런 행동으로부터 스스로 방어하기 위해서다. 다른 사람들의 파괴적인 행동 때문에 당신의 고결함이 타격을 받을 수 있다. 하지만 믿음직한 사람은 다른 이들이 어떻든 상관하지 않고 자기가 누구인지 잊지 않는다.

사리를 분별할 줄 아는
사람의 호의를 얻어라

사리를 분별할 줄 아는 사람의 호의를 얻어야 한다. 비범한 인물의 미적지근한 승낙이 보통 사람들의 박수갈채를 전부 합친 것보다 더 가치 있다. 시골뜨기들이 하는 트림에 뭐 하러 기분이 좋아지겠는가? 현명한 사람은 이해를 바탕으로 말하고, 그런 사람의 칭찬은 영원한 만족감을 안겨준다. 현명한 안티고노스(스토아 철학을 창시한 제논Zeno을 매우 존경한 마케도니아의 왕 안티고노스 고나타스Antigonus Gonatas를 말한다)는 모든 영예를 제논에게 돌렸고, 플라톤은 아리스토텔레스를 그의 학파 전체라고 칭했다. 하지만 누구의 말로든 배를 채우기 급급한 사람들도 있다. 가축이 먹는 사료밖에 안 되는 일반 군중의 입김으로도 만족하는 것이다. 심지어 군주도 자기에 관해서 글을 써줄 사람이 필요하다. 군주는 못생긴 사람이 초상화 화가를 두려워하는 것보다 자신의 일대기를 책으로 써줄 작가를 더 두려워한다.

존경받고 싶다면
모습을 드러내지 말라

사람들의 존경을 얻고 싶으면 모습을 드러내지 말아야 한다. 당사자가 자리에 있으면 명성이 낮아지고 자리에 없으면 명성이 높아진다. 사자처럼 여겨지던 인물이 실제로 나타나면 산에서 내려온 우스꽝스러운 자손인 생쥐로 바뀌어버린다. 선물도 직접 만지면 포장이 광택을 잃는 것 같은 느낌이 든다. 사람들은 겉껍질만 보고 안의 내용물은 보지 못한다. 상상력이 시력보다 더 멀리 미친다. 환상은 귀를 통해서 들어왔다가 주로 눈을 통해서 나간다. 모습을 드러내지 않고 명성의 중심에 남아 있는 사람은 좋은 평판을 유지한다. 심지어 불사조도 품위를 유지하고 사람들의 갈망을 존경으로 바꾸기 위해서 모습을 드러내지 않았다.

창의적인 사람이 되어라

창의력은 머리가 매우 좋다는 것을 보여주는 증거다. 하지만 약간의 광기조차 없는 천재가 어디 있겠는가? 창의적인 사람은 영리한 것이며, 현명하게 선택할 줄 아는 사람은 신중한 것이다. 창의력이 있는 사람은 우아하고 보기 매우 드물다. 선택을 잘하는 사람은 많지만, 현명하게 창의력을 발휘하는 사람은 적다. 이런 소수의 사람이 새로운 생각을 처음으로 훌륭하게 해낸다. 새로운 것은 그 자체로 돋보이며 성공적일 때는 좋은 것이 두 배로 반짝이게 하기도 한다. 판단을 내릴 때는 새로운 생각이 역설로 이어져서 위험하다. 하지만 천재가 새로운 아이디어를 떠올릴 때는 칭찬을 많이 받아야 마땅하다. 둘 중 어느 경우든 성공하는 사람은 다른 쪽과 똑같이 박수를 받을 만하다.

남의 일에 함부로
간섭하지 말라

남의 일에 간섭하지 않으면 무시당하지 않을 것이다. 다른 사람들에게 존경받고 싶으면 자신을 존중하라. 자신에게 관대하기보다는 인색한 것이 좋다. 당신을 필요로 하는 곳에 가면 환대받을 것이다. 누군가가 당신을 부르지 않으면 절대로 오지 말고, 당신을 보내지 않으면 절대로 가지 말라. 혼자서 일을 추진하는 사람은 실패하면 미움을 사고 성공하더라도 감사 인사를 받지 못한다. 남의 일에 함부로 참견하면 경멸의 대상이 될 것이다. 끼어들지 말아야 할 곳에 끼어들었다가는 혼란만 느낀 채 내쫓길 것이다.

남의 불운 때문에
위험해지지 말라

남의 불운으로 말미암아 위험에 빠지지 말라. 곤경에 빠진 사람이 누군지 파악하라. 그리고 그 사람이 불행을 함께 나누면서 위로받으려고 어떻게 다른 이들에게 도움을 청하는지 관찰하라. 불행한 자는 자신의 불행을 함께 감당해줄 사람을 찾으며 한때 등을 돌렸던 이에게 그제야 와서 도와달라고 손을 내민다. 익사할 위험에 처한 사람을 도우려고 할 때는 조심해야 한다. 스스로 위험에 놓이지 않고서는 그 사람을 도와줄 수 없기 때문이다.

누군가에게 완전히
신세 지지 말라

누군가에게 완전히 신세 지는 것을 경계하라. 그러지 못하면 모두의 노예로 전락하고 말 것이다. 다른 사람보다 운이 더 좋게 태어난 이들이 있다. 이런 사람들은 좋은 일을 하려고 태어났고, 다른 사람들은 좋은 일의 혜택을 받으려고 태어났다. 자유는 우리가 자유를 포기하는 대가로 받고 싶은 그 어떤 선물보다 더 소중하다. 사람들이 당신에게 의지하도록 하는 것보다 당신이 남에게 의지하지 않는 것에 더 신경 써야 한다. 권력자의 유일한 장점은 남들보다 좋은 일을 더 많이 할 수 있다는 것이다. 무엇보다도 중요한 점은 당신이 맡게 된 책임을 다른 사람들을 위한 호의라고 생각하지 않는 것이다. 당신이 그 책임을 떠맡게 된 것은 다른 사람들의 똑똑한 계략 때문일 때가 많다.

흥분했을 때
행동에 나서지 말라

흥분했을 때는 행동하지 말아야 한다. 그럴 때 행동에 나서면 일을 전부 그르칠 것이다. 이성을 잃은 상태에서는 제대로 행동하기 어렵다. 흥분은 늘 이성을 몰아낸다. 따라서 감정에 휘둘리지 않는 신중한 제삼자를 찾아야 한다. 경기를 구경하는 사람은 항상 선수보다 더 많은 것을 본다. 화가 나기 시작한다는 느낌이 들면 얼른 물러나는 것이 현명하다. 그러지 않으면 피가 끓어오르고 일을 망칠 것이다. 잠깐이나마 분노가 폭발하면 며칠 동안 혼란스러운 시간을 보내고 명성도 잃게 될 것이다.

288

상황에 적응하라

생각과 행동은 상황에 따라 달라져야 한다. 하고 싶은 일은 할 수 있을 때 하라. 시간과 기회는 무작정 기다려주지 않는다. 삶의 기본 덕목을 지킬 때를 제외하고는 정해진 규칙 몇 가지에 너무 얽매이지 말라. 상황을 확고하게 정해놓지도 말라. 오늘 마시기 싫다고 치워둔 물을 내일은 마셔야 할지도 모른다. 어떤 사람들은 하도 뻔뻔하여 자신이 상황에 적응하는 대신 상황이 자신의 변덕에 일일이 맞춰져서 성공하는 데 도움 되기를 바란다. 하지만 현명한 사람은 신중한 삶의 길잡이가 상황에 적응하는 것이라는 사실을 안다.

너무 인간적인 면을
드러내지 말라

최악의 불명예는 자신이 다른 이들처럼 사람임을 보여주는 것이다. 너무나 인간적인 면을 보이는 순간 사람들은 더는 그를 신으로 생각하지 않는다. 경솔함은 명성을 쌓는 데 방해가 되는 가장 큰 장애물이다. 말과 행동을 삼가는 사람은 인간 이상으로 여겨지고, 경솔한 사람은 인간 이하로 여겨진다. 경솔함보다 품위가 더 떨어지는 결점도 없다. 경솔함은 진지함과 정반대이기 때문이다. 나이가 들면 신중해져야 하는데, 경솔한 사람은 나이가 많아져도 진중해지지 않는다. 이런 결점은 흔히 볼 수 있지만 그렇다고 해서 덜 경멸스러운 것은 아니다.

존경이 담긴
사랑을 추구하라

존경과 사랑이 섞이는 것은 결코 좋은 게 아니다. 사람들의 존경을 오래 받고 싶다면 사랑을 너무 많이 빋아서는 안 된다. 사랑은 미움보다 예민한 감정이며, 애정과 존경은 잘 어울리지 않는다. 사람들이 당신을 너무 두려워하지도, 너무 사랑하지도 않는 게 좋다. 사랑은 익숙함으로 이어지고 존경심을 몰아낸다. 애정이 담긴 사랑이 아니라 존경이 담긴 사랑을 추구하라.

다른 사람을
시험해볼 줄 알라

다른 사람을 시험해볼 줄 알아야 한다. 주의 깊게 관찰하고 판단을 잘해야만 다른 사람이 얼마나 진지하고 신중한지 파악할 수 있다. 이런 점을 알아보려면 대단한 능력이 필요하다. 돌과 약초의 특징보다 사람의 특징과 기질을 아는 것이 더 중요하다. 이것은 살면서 필요한 가장 미묘한 기술 중 하나다. 금속은 두드릴 때 나는 소리를 듣고 어떤 금속인지 알 수 있고, 사람은 말을 들어보면 어떤 사람인지 알 수 있다. 바로 이때 엄청난 주의력, 심오한 관찰력, 신중한 판단력이 필요하다.

일이 요구하는 것보다
더 뛰어난 사람이 되어라

필요 능력치를 훨씬 뛰어넘는 사람이 되어라. 아무리 높은 직
책에 있더라도 그 직책보다 나은 사람이 되어야 한다. 재능이 많
은 사람은 직책이 높아질수록 자신의 재능을 더 빛나게 발전시
킨다. 하지만 속이 좁고 편협한 사람은 쉽게 낙담하고 결국 의
무감의 무게에 짓눌려서 명성을 잃는다. 위대한 아우구스투스
Augustus 황제도 자신이 군주보다 인간으로서 더 좋은 사람이라
는 것에 자부심을 느꼈다. 여기서 고귀한 정신과 근거 있는 자신
감이 필요하다.

성숙함에 관하여

성숙한 면모는 겉으로도 드러나지만 사람의 습관에서 더 두드러지게 나타난다. 물질적인 무게는 금의 가치를 높여주고, 도덕적인 무게는 사람의 가치를 높여준다. 재능과 점잖은 태도가 만나면 존경심을 불러일으킨다. 침착함은 영혼의 얼굴이다. 어리석은 자들이 생각하는 것처럼 침착한 사람은 본래 무신경하고 조용한 게 아니라 성숙함을 차분히 드러내는 것이다. 성숙한 사람은 현명하게 말하고 일도 성공적으로 해낸다. 인간은 성숙할수록 더 완전해진다. 어린애처럼 구는 짓을 멈추고 진지한 모습을 보이기 시작할 때 비로소 성숙해질 것이다.

의견을 절제해서
표현하라

의견은 절제해서 드러내야 한다. 누구나 자신의 관심사에 따라서 의견을 형성한다. 그러고 나서 그 의견을 뒷받침할 여러 이유를 댄다. 거의 모든 사람이 판단을 내릴 때 감정의 영향을 받는다. 의견이 상반되는 두 사람이 만나면 서로 자기 의견이 옳다고 생각하는 경우가 많다. 하지만 이성은 진실하며 얼굴이 늘 하나뿐이다. 이런 경우에는 지혜롭고 신중하게 처신해야 한다. 가끔은 상대방의 의견에 따르고 자신의 의견을 신중하게 검토해보는 것이 좋다. 상대방의 시각에서 자신의 동기를 살펴보라. 그러면 그토록 맹목적으로 상대방을 비난하지도 않고 자기 의견을 합리화하지도 않을 것이다.

허풍만 떨지 말고
실제로 행동에 나서라

실제로 행동해야 한다. 많은 사람이 별다른 이유도 없이 자기가 한 일을 자랑스러워한다. 이런 사람들은 우아하지 못한 방법으로 모든 일을 기이하게 만들어버린다. 그들은 사람들에게 웃음을 주면서 박수를 받으려고 색을 바꾸는 카멜레온처럼 행동한다. 허영심은 언제나 보기 불쾌하지만, 이런 식의 허영심은 사람들의 비웃음을 산다. 어떤 사람들은 업적을 못 쌓아서 안달이다. 그래서 작은 개미처럼 남의 영예를 슬쩍하기 바쁘다. 당신의 가장 훌륭한 재능에 관해서 허영심을 적게 보일수록 좋다. 행동하는 것에 만족하고, 말하는 것은 다른 사람들에게 맡겨라. 자신의 공적을 다른 사람들과 나누되 팔지는 말라. 그리고 상식에 어긋나는 칭찬의 말을 써줄 사람을 고용하지 말라. 영웅처럼 보이기보다는 실제로 영웅이 되려고 노력하라.

능력이 뛰어난
사람이 되어라

위대한 능력이 위대한 사람을 만든다. 단 하나의 위대한 능력
이 여러 평범한 능력을 능가한다. 어떤 사람은 자신이 소유한 모
든 것이 거대해지기를 바란다. 심지어 가재도구도 최대한 커지기
를 바란다. 하지만 위대한 사람은 위대한 정신적인 능력을 추구
한다. 신은 모든 것이 무한하고 거대하다. 따라서 영웅도 모든 것
이 위대하고 훌륭해야 한다. 그래야 영웅의 모든 말과 행동에서
탁월함이 배어 나올 수 있다.

297

항상 누군가가
지켜보는 것처럼 행동하라

　매사에 누군가가 지켜보는 것처럼 행동해야 한다. 행동에 주의하는 사람은 다른 이들이 자신을 보고 있거나 볼 것이라는 사실을 안다. 이런 사람은 벽에도 귀가 있으며 나쁜 행동은 결국 자신에게 돌아올 것이라는 사실을 안다. 그래서 혼자 있을 때도 마치 온 세상이 자신을 지켜보는 듯 행동하며 모든 게 밝혀지리라는 것을 안다. 이런 사람은 이미 목격자가 있는 것처럼 행동한다. 무엇인가를 듣게 될 사람들이 나중에 목격자가 되는 것이다. 한편, 모두가 자신을 봐주기를 바랐던 사람은 자기가 집에 앉아 있는 모습을 이웃이 벽 너머로 볼 수 있더라도 개의치 않는다.

세 가지 덕목이
경이로움을 일군다

풍부한 재능, 뛰어난 판단력, 기분이 좋아지는 세련된 안목은
진정한 고결함의 정점을 이룬다. 상상력은 엄청난 능력이지만, 잘
판단하고 선을 이해하는 것이 더 뛰어난 능력이다. 생각은 너무
힘들이지 않고 예리하게 할 줄 알아야 한다. 20세 때는 의지가,
30세 때는 사고력이, 40세 때는 판단력이 사람을 지배한다. 생각
이 마치 스라소니의 눈처럼 빛나는 사람들이 있다. 이런 사람들
은 어둠이 가장 짙을 때 가장 훌륭한 생각을 끄집어낸다. 한편,
특정한 상황에서 가장 적절한 것이 무엇인지 항상 정확하게 알아
내는 사람들도 있다. 이런 사람들에게는 좋은 생각이 자주 떠오
른다. 지혜가 풍부하니 얼마나 기쁜가! 고상한 안목은 인생 전체
에 향기를 더해준다.

사람들에게 완전한 만족감을
안겨주지 말라

사람들의 입술에 달콤한 꿀을 남겨둬라. 존경심은 욕망으로 측정된다. 갈증과 마찬가지로 사람들의 배고픔을 어느 정도 달래주는 것은 좋지만 배가 너무 부를 때까지 만족시켜서는 안 된다. 좋은 것은 적으면 두 배로 좋다. 좋은 것도 두 번째로 받을 때는 만족감이 크게 떨어지기 때문이다. 사람들이 만족감으로 가득한 상태는 위험하다. 그러면 불멸의 탁월함도 경멸할 우려가 있다. 사람들을 만족시키는 단 하나의 규칙은 식욕을 자극하면서 그들이 계속 허기를 느끼게 하는 것이다. 욕구에 따른 초조함이 기쁨에 따른 권태감보다 효과가 더 좋으며, 기다림은 즐거움이 깊어지게 해준다.

성인으로 거듭나라

성인이 되어라! 이 한마디로 모든 것이 설명된다. 덕은 모든 완벽함을 하나로 묶어주고 모든 행복의 중심에 있다. 덕을 갖춘 사람은 신중하고, 사려 깊고, 상황 판단이 빠르고, 분별 있고, 현명하고, 용감하고, 조심스럽고, 정직하고, 행복하고, 칭찬할 만하다. 한마디로 모든 면에서 진정한 영웅이다. '숭고함'과 '현명함' 그리고 '신중함', 이 세 가지 덕목이 있으면 복을 받는다. 덕은 소우주의 태양이며, 그 태양의 반구는 양심이다. 덕은 너무 사랑스러워서 신의 은총과 인간의 호의를 둘 다 받는다. 덕만큼 사랑스러운 것이 없고, 악만큼 혐오스러운 것이 없다. 오로지 덕만 진짜고 나머지는 모두 가짜다. 능력과 위대함은 운이 아닌, 덕에 달렸다. 덕만이 그 자체로 완전할 수 있다. 덕으로 말미암아 우리는 살아 있는 사람들을 사랑하고 죽은 사람들을 기억한다.

세속적인 지혜

니체와 쇼펜하우어가 사랑한 인생 지침서

초판 1쇄 인쇄 2025년 3월 21일
초판 1쇄 발행 2025년 3월 31일

지은이 발타자르 그라시안
옮긴이 황선영
펴낸이 이효원
편집인 강산하
마케팅 추미경
디자인 페이퍼 컷 장상호(표지), 이수정(본문)
펴낸곳 탐나는책
출판등록 2015년 10월 12일 제2021-000142호
주소 경기도 고양시 덕양구 삼송로 222, 101동 305호(삼송동, 현대혜리엇)
전화 070-8279-7311 　　　**팩스** 02-6068-0834
전자우편 tcbook@naver.com

ISBN 979-11-94381-29-7 (03100)